Escapebc

Voor Greta en Rita, de sleutels tot mijn leven.
Ivan Tapia

Voor David, die stukje bij beetje zijn deuren voor me geopend heeft.
Montse Linde

Achtste druk 2020

Oorspronkelijke titel: *Escape Book Junior – Las puertas de Lía*
Oorspronkelijk verschenen bij Editorial Planeta S.A. 2017, Avenida Diagonal, 662-664 -08034 Barcelona, Spanje.

Omslagontwerp: Buro Blikgoed
Vormgeving binnenwerk: Nancy Koot

Witte Leeuw, Amsterdam | www.uitgeverijwitteleeuw.nl | www.kinderboeken.nl

NUR 283 | ISBN 978 94 92 90103 3

MIX
Papier van verantwoorde herkomst
FSC® C004472

Uitgeverij Witte Leeuw drukt haar boeken op papier met het FSC®-keurmerk.
Zo helpen we waardevolle oerbossen te behouden.

IVAN TAPIA
& MONTSE LINDE

ESCAPE BOEK

KRAAK DE CODES EN PUZZEL JE DOOR HET VERHAAL

WITTE LEEUW

Hoe werkt dit boek?

Dit verhaal is door elkaar gehusseld en zonder jouw hulp kan Lia, de hoofdpersoon van dit verhaal, niet verder. Help jij haar door de raadsels op te lossen en de codes te kraken?

Het gaat als volgt:
Je begint met lezen totdat je een raadsel tegenkomt.

Als dat gebeurt, moet je het raadsel oplossen met de informatie die Lia je in de loop van het hoofdstuk heeft gegeven. Elk raadsel dat je oplost, levert een cijfer op: het cijfer van de pagina waarop het verhaal verdergaat.

Soms heb je daar iets bij nodig wat in het verhaal genoemd wordt: een medaillon, een ring... Daarmee kun je de berichten ontcijferen.

En als het je nou niet lukt om een raadsel op te lossen?
Niks aan de hand! Onder elk raadsel vind je een aanwijzing die je kunt lezen als je het boek op zijn kop houdt.

Vergeet niet dat je ook een familielid of een vriend of vriendin kunt vragen om je een handje te helpen.

En als het dan nog niet lukt, is dat ook geen ramp. Achter in het boek vind je de oplossingen van alle raadsels.

Veel plezier bij het zoeken naar de Broederschap van de Sleutel met Lia.

Zet 'm op!

EEN VREEMD BERICHT

De bus stopt.
Ik stap in en ga op een eenpersoons plek zitten. Ik heb geen zin om met mensen te praten, en al helemaal niet met zo'n oudere dame die net doet alsof ze geïnteresseerd is in mij, maar die alleen over zichzelf wil praten. Ik zit nu op de middelbare school en kan prima mijn eigen weg vinden. Als iemand me op mijn zenuwen werkt, stap ik eerder uit en skateboard ik het laatste stuk van de route.

De bus vertrekt.
Mocht je je afvragen hoe ik eruitzie, dan kan ik je zeggen dat ik donkerbruin haar heb, ongeveer tot op mijn schouders; meestal heb ik een oversized grijs sweatshirt aan, een rokje en een paar Adidas Superstars, en heb ik rode oordopjes in. Ik luister bijna altijd naar muziek op mijn oude mobieltje. O ja, en ik ga vaak met mijn skateboard op stap, dat ook rood is, met gele wieltjes, een verjaardagscadeau van mijn oom. Ik woon bij hem, want hij is de enige familie die ik heb. Mijn ouders heb ik amper gekend, maar bespaar me je medelijden; ik heb een hekel aan treurige gezichten. Je zou kunnen zeggen dat ik een doodgewoon kind ben, maar dat klopt niet helemaal.

Ik heet Lia en ik ben een deuropener.

Nee, geen inbreker of zoiets; dat zou wat zijn. Ik kan in de hoofden van andere mensen komen. Nou ja, niet in hun hoofd, maar in een soort huisje dat ze in hun hoofd hebben. Zoals een bakstenen huis met ramen, maar dan anders.

Ik noem het gedachtehuisjes, die laten zien wie je echt bent. En ja, ook jij hebt een gedachtehuisje in je hoofd, al weet je dat misschien nog niet.

Pff, die straat is een ramp, ze mogen wel eens wat aan die kuilen doen.
Voor mij is het heel gemakkelijk om iemands hoofd binnen te gaan. Ik hoef die persoon alleen maar aan te raken en me te concentreren. Geloof me, het is bizar. Ik ben ooit in het hoofd van een reusachtige man geweest met een gedachtehuisje dat zo klein was dat je de schilderijen van de muren zwiepte als je je omdraaide. Ik weet niet wat dat betekent, dat moet je zelf maar bedenken. Ik ben zelfs wel eens in een huisje geweest waar alle meubels van chocolade waren en je ze kon opeten als je wilde, maar dat zou ik nooit doen. Ik heb altijd heel veel respect voor de gedachtehuisjes waar ik binnenga.

Mensen bewaren hun herinneringen en geheimen op een speciale verstopplek in dat huisje. Soms is het een gewone kast, maar soms is het ook een kluis. Het kan een hutkoffer zijn, maar ik heb zelfs wel eens geheimen gevonden in een schoenendoos. Sommige mensen bewaren ze achter slot en grendel en sommige niet. Ik kijk er niet naar. Ik zou het wel kunnen doen, maar dat lijkt me niet goed, punt uit. Oké... ik kijk alleen als het niet anders kan. Dankzij mijn speciale kracht kon ik ooit een oud vrouwtje helpen dat in haar nachthemd over straat liep. Ik ging haar hoofd binnen en zocht tussen haar herinneringen naar haar adres.

Het lijkt geweldig om dit soort krachten te hebben, toch? Nou dat is het niet en daarom probeer ik ze zo min mogelijk te gebruiken. Eigenlijk om twee redenen:

Ten eerste: het geeft me een raar gevoel om zonder toestemming op het privéterrein van anderen te komen.
Ten tweede: als ik daarna weer terugkeer naar de echte wereld heb ik enorme hoofdpijn.

Wow, dit nummer van Taylor Swift vind ik echt supergoed!
Zoals ik al zei, kost het me geen enkele moeite om iemands hoofd binnen te gaan. Als ik je nu zou aanraken en me goed concentreerde, zou ik in dat van jou kunnen komen.

Maar soms, heel soms, tref ik een gedachtehuisje met een vergrendelde deur en dan is het moeilijker. En hoewel het me meestal wel zou lukken om die open te krijgen, ga ik er als een haas vandoor als ik zo'n vergrendeld huisje tegenkom, en wel hierom:

> **Ten eerste:** Als mensen de deur van hun huisje hebben vergrendeld, willen ze waarschijnlijk niet dat er iemand binnenkomt. En ik heb je al gezegd dat ik geen inbreker ben. Jij gaat toch ook niet zomaar het eerste het beste huis binnen waar je langs loopt?
> **Ten tweede:** Vergrendelde huizen geven me een rotgevoel. Hoe meer grendels ze hebben, hoe banger ik word.

De bus gaat vandaag heel langzaam.
Zolang ik me kan herinneren ben ik al zo. Eerst dacht ik dat iedereen hetzelfde was, maar later merkte ik dat dat niet klopte en dat mensen me raar aankeken als ik erover vertelde. Dus zeg ik maar niets meer. Het is al heel lang geleden dat ik het aan iemand verteld heb. Zelfs Lily, die zo'n beetje mijn beste vriendin op school is, weet het niet. Maar vandaag is er iets raars gebeurd. Daarom moet ik het aan iemand vertellen. Ik heb een briefje in mijn rugzak gevonden. Het was heel vreemd, het leek een warboel van woorden en letters. Eerlijk gezegd stond ik al op het punt om het in de vuilnisbak te gooien, maar toen ik wat beter keek, wist ik niet wat ik zag.

LOHAL LAI, NUK IJJ
DEUNER NEPONE?
NAD NEBBEH EW
EJ NIDOG.
MOK VINMADDAG
AN LOOSCH RAAN
ED OUEDTRAAST
NEMMUR HENDDRO-
ATCH.

Zet de letters van alle woorden in de juiste volgorde om het bericht te kunnen lezen.
Welk cijfer volgt er uit het bericht? Lees verder op die pagina.

IK HEB DE UITGANG VAN HET HUISJE VAN VALK GEVONDEN EN DE DEUR OPENGEDAAN!

Opgelucht ga ik naar buiten. Ik ben weer in de echte wereld.

Gelukkig kon ik uit het hoofd van Valk ontsnappen. Ik heb iets raars ontdekt: er zat een raampje in de deur waardoor je naar de echte wereld kon kijken. Ik weet niet of alle deuren naar de buitenwereld dat hebben. Voordat ik naar binnen ging, hadden we elkaars handen vast en nu, nu ik weer buiten sta, is dat nog steeds zo. Ik voel me verbonden met hem. Het is een vreemd gevoel. Dat gebeurt me altijd. Als ik iemands hoofd verlaat, is het alsof ik van diegene net iets meer houd dan van andere mensen, ook al kennen we elkaar niet.

Hé! Ik heb helemaal geen hoofdpijn! Het was misschien een beetje eng, maar nu ik heb geleerd om zonder hoofdpijn uit een gedachtehuisje te komen, was dat het zeker waard.

'Dat heb je goed gedaan, Lia, maar het zal niet altijd zo gemakkelijk gaan. Niet iedereen die je in de gedachtewereld tegenkomt, heeft goede bedoelingen,' zegt Zwaan.

'Bedoel je die quantumtypes? Wie zijn dat toch?'

'Dat zijn deuropeners die niet blij zijn met wat wij doen. En ze heten quantums. Ik zeg het maar even want ik weet zeker dat je het in het woordenboek gaat opzoeken.'

'Wat doen jullie dan, als ik vragen mag?'

'Wij proberen te voorkomen dat iemand je gedachtehuisje binnengaat en bijvoorbeeld je geheimen en je herinneringen steelt.'

Dat zei ze op ernstige toon, zeer ernstige toon. De anderen keken naar de grond. Ik weet dat het niet verstandig is wat ik nu ga doen, maar ik wil er meer over weten.

'Hoe gaan we verder? Wiens hoofd ga ik nu binnen?' vraag ik, terwijl ik mijn mouwen opstroop.

Slang schudt haar hoofd. Valk en Cheeta halen opgelucht adem. Eekhoorn komt voor het eerst sinds we elkaar kennen uit haar schulp. Ze kijkt me aan en glimlacht. Het lijkt wel alsof ze bang waren dat ik me zou terugtrekken of zoiets.

'Je bent een fantastische deuropener, Lia. Maar nu moet je even geduld hebben. Wij nemen wel weer contact met je op.'

Zwaan legt me uit aan welke regels ik me moet houden:

Regel 1: Zodra ik 's morgens wakker word, moet ik een tekening maken van mijn dromen. Volgens haar zal ik zo berichten ontvangen. Het is ook de manier om erachter te komen of iemand heeft geprobeerd mijn gedachtehuisje binnen te komen.
Regel 2: Ik mag alleen iemands hoofd binnengaan als ik daar toestemming voor heb. Het zou gevaarlijk kunnen zijn nu de quantums me beter kunnen vinden doordat ik mijn krachten begin te beheersen. (Ik begrijp trouwens nog steeds niet goed hoe het zit met die quantums.)

Ze zegt dat ik geen lid van de broederschap kan worden als ik me niet aan de regels houd. Dat klinkt als een dreigement, toch? Daar houd ik helemaal niet van.

Regel 3: Ik moet het medaillon gebruiken om berichten te ontcijferen, en het altijd bij me dragen.

Welk medaillon?

Zwaan haalt uit een stoffen zakje voorzichtig een medaillon aan een kettinkje tevoorschijn.

Ik stop het medaillon weg en loop naar de bushalte. Ik heb geen zin om naar huis te skateboarden.

Iedereen is al weg. Ik stap in de bus en bekijk het medaillon dat Zwaan me heeft gegeven. Ik moet het ergens verstoppen waar mijn oom het niet kan vinden. Als hij het ziet, gaat hij vragen stellen en ik wil niet tegen hem liegen. Dat hij er niet van weet is één ding, maar hem voor de gek houden is iets heel anders.

Ik kan niet wachten tot ik thuis ben.

Ik zoek in mijn mobieltje naar het woord *quantum*. Ik snap niets van wat er staat. Ik lees een paar keer de definitie, maar die begrijp ik niet. Het gaat over fysica, energie en atomen en nog een heleboel andere rare dingen.

Ik ben bang dat ik zal moeten wachten totdat iemand het me uitlegt.

Ik kijk naar buiten. De lichten flitsen voorbij.
Ik ben doodmoe. Ik moet alles wat er gebeurd is eerst ordenen. Dus daar begin ik meteen maar mee.

Punt 1: Er zijn ook nog andere deuropeners, hoewel die niet allemaal aan dezelfde kant staan. Je hebt die van de broederschap, de quantums... en misschien nog wel meer. Het is een zootje, echt een zootje.
Punt 2: Ik kan niet langer dan één gedachte-uur in iemands hoofd blijven, wat hetzelfde is als zes minuten in echte tijd. Als het langer duurt, verdwijn ik. Brrr.
Punt 3: Ik kan alleen op mijn eigen horloge vertrouwen, want sommige deuropeners kunnen de tijd veranderen om me voor de gek te houden. Lekker dan.
Punt 4: Ik moet naar buiten door de uitgang, dan krijg ik geen hoofdpijn. Goede tip!
Punt 5: Ik mag niemands hoofd meer binnengaan totdat zij weer contact met me opnemen. Dat is jammer!
Punt 6: Ik moet elke ochtend als ik wakker word een tekening maken, want dat is de manier waarop ze hun berichten versturen. Vreemd, heel vreemd.
Punt 7: Die types van de broederschap zijn een stelletje gevaarlijke gekken. Maar ik begin ze toch aardig te vinden.

Ik mag ze wel, ondanks die dreigementen van Zwaan. Ik heb een hekel aan dreigen, omdat het een vorm van chantage is. Je kunt er niet onderuit. Mensen dwingen je zo om dingen te doen die je anders misschien toch wel uit vrije wil zou doen. Tja, het is een beetje tegenstrijdig.

Nog een paar straten, dan ben ik thuis.

Gelukkig zag Cheeta het. Dat ik niet van dreigementen houd, bedoel ik. Voordat hij wegging pakte hij me bij mijn arm en zei dat ik het Zwaan maar niet kwalijk moest nemen, maar dat het echt heel belangrijk was dat ik naar haar luisterde en niemands hoofd zou binnengaan, dat het voor iedereen slecht zou aflopen als ik dat wel deed. Bovendien kon ik dan nooit meer lid worden van de broederschap.

'Ik zou je niet graag kwijt willen, Lia.'

Ja, dat zei hij, niks meer en niks minder. Ik heb hem mijn woord gegeven en als ik mijn woord geef, dan houd ik me eraan, wat er ook gebeurt.

VEELZEGGENDE DROMEN

Triiing. Ik zet de wekker uit.

Ik pak mijn potlodendoos en begin te tekenen. Dat doe ik de laatste tijd elke ochtend, voor het geval ik een bericht heb van de broederschap of van wie dan ook, een of ander teken, het maakt niet uit. Ik voel me een beetje raar als ik dat doe, maar ik doe het toch.

Er zijn vijf dagen verstreken sinds dat gedoe in de fabriek en ze hebben me nog steeds niets laten horen. Heb ik het allemaal verzonnen? Ben ik niet goed bij mijn hoofd? Ik heb besloten dat als ze binnen een week geen teken van leven geven, alles wat ik me denk te herinneren niet echt gebeurd is: dat van de maskers, de krachten, de broederschap, alles.

Als dat zo is, ga ik met mijn oom praten, dan moet hij maar met me naar een dokter gaan, zo een die je hoofd weer in orde maakt. Ik denk dat er niks met me aan de hand is, dat ik heel volwassen en verstandig ben en zo. Maar waarschijnlijk denken alle gekken dat het fantastisch met hen gaat. Anders zouden ze niet doen wat ze doen.

Ik teken een beetje in het wilde weg.

Het is grappig, raar maar grappig: tekenen zonder na te denken over wat je aan het tekenen bent. Je hoeft niet te kijken. Je zet de punt van je potlood op het papier en laat je meevoeren. Gisteren viel ik bijna weer in slaap.

Ik heb me aan mijn woord gehouden en ben in die vijf dagen geen enkele keer iemands hoofd binnengegaan. Niet dat ik voorheen elke dag in iemands hoofd zat, maar deze keer kostte het me moeite om het niet te doen, omdat het iets is wat ik niet zelf heb besloten maar wat de leden van de broederschap me hebben opgedragen, en ik neem liever mijn eigen beslissingen.

De lijnen komen lukraak op het papier terecht.
Iedere dag observeer ik de kinderen bij mij op school. Ik ben ervan overtuigd dat de leden van de broederschap ertussen zitten. Dat is geen achterdocht, dat is pure logica. Als ze me niet kenden, zouden ze niet zoveel van me weten, want ik ga alleen om met mensen van school. Het kan natuurlijk ook dat ze me bij toeval hebben gevonden; in de gedachtewereld, bedoel ik.

Gisteren stond ik bijna op het punt om het aan Lily te vertellen, maar het is niet iets wat je zomaar even tegen iemand zegt in de bus. 'Trouwens, weet je dat ik in de hoofden van mensen kan komen...? Ja, supercool.' Nou ja, dat werd dus niets, zoals je wel begrijpt.

Nog meer lukrake lijnen.
Ik begin er een beetje genoeg van te krijgen. En dan heb ik straks ook nog met Betty afgesproken, de vervelendste, irritantste tut-hola van de klas. We moeten een geschiedeniswerkstuk maken. De leraar heeft ons bij elkaar gezet. Wat een vooruitzicht! Ik doe mijn deel van het werk en dan ga ik er snel vandoor. Behalve dat ze vervelend, irritant en een tuthola is, gebruikt Betty ook nog eens zo'n damesparfum dat vreselijk stinkt. Niet dat ze er veel van opdoet, maar als je dicht bij haar staat is het niet te harden.

Hé... dit is een tekening die ergens op lijkt... Niet te geloven, wat een rare tekening. Ik snap er niks van. Wacht, die kleuren... Natuurlijk! Het medaillon!

Ben ik toch niet gek.

'Lia, ontbijten.'

Nog vijf minuten, vijf minuutjes maar. Eerst moet ik dit raadsel ontcijferen.

'Ik kom er zo aan.'

Vervang de kleuren door de bijbehorende letters met behulp van het medaillon.

✌ ACHTER DE LIJNEN ZIE IK DE DEUR VAN BETTY!

Ik loop ernaartoe en pak de deurknop vast.
Als ik er tegenaan duw, sta ik voor een ruimte vol met spiegels. Aan alle wanden hangen spiegels, grote en kleine, antieke en moderne, onder en boven, links en rechts, voor en achter me... En overal zie ik mijn spiegelbeeld. Ik word bijna duizelig.

'Nu moet je alleen verder, Lia.'

O nee, zo gemakkelijk komt Zwaan niet van me af.

'Je hebt gezegd dat je me antwoorden zou geven, Zwaan. Je hebt het beloofd.'

'Oké, stel me maar een vraag, één vraag. Dan zal ik proberen die te beantwoorden.'

Eén vraag, meer niet?

'Hoe wisten jullie dat ik een deuropener ben?'

'We hebben je nog niet zo lang geleden ontdekt. Tot nu toe was je een soort stille deuropener. Ongetrainde deuropeners hebben meestal niet zoveel kracht, en de kans is klein dat iemand ze ooit vindt. Maar jij bent juist erg sterk en je hebt in je eentje je krachten geoefend. Daarom konden we je vinden. We hadden geluk dat we de eersten waren. En nu opschieten, laat maar zien waar je toe in staat bent en ga snel naar buiten. De klok tikt door en je wilt niet voor eeuwig opgesloten zitten in het hoofd van Betty, toch?'

Ze zegt het met een glimlach, maar niet alsof ze het leuk vindt. Ze zegt het met een ironische ondertoon. Volgens het woordenboek houdt dat in dat 'iets het tegenovergestelde betekent van wat er gezegd wordt, meestal op een spottende manier'.

Het is niet zo dat ik de hele tijd met een woordenboek rondloop, maar deze definitie ken ik uit mijn hoofd omdat ik hem ooit heb opgezocht en zo leuk vond dat ik besloot hem te onthouden. Zo ben ik nu eenmaal.

Daarna vertrekken Zwaan en Slang weer.

Ik richt mijn aandacht op de spiegelzaal.

In werkelijkheid laten niet alle spiegels hetzelfde zien. Dat wil zeggen, in alle spiegels zie ik mezelf, maar steeds op een andere plek. Als ik naar links kijk, zie ik de koffiepot op tafel en alles wat daarbij hoort. Als ik naar rechts kijk, zie ik mezelf in een soort pakhuis vol met stof en spinnenwebben. Als ik voor me kijk, zie ik mezelf in de operatiekamer van een ziekenhuis en als ik achter me kijk, zie ik hoe ik omringd ben door duisternis.

Ik begrijp er niets van. Er moet wel iets goed mis zijn met Betty. Hoe komt ze aan zo'n huisje? En ik sta aan de grond genageld: ik heb geen idee hoe ik verder moet. Ik neig ernaar om te schreeuwen en Zwaan te roepen. Eerst zag ik geen enkele deur en nu zie ik er een in elke muur, maar bij allemaal krijg ik een slecht gevoel. Ik moet naar buiten, de tijd vliegt en ik moet eruit.

Ik besluit de deur te openen bij de spiegel waar ik mezelf in een poppenhuis zie. Ik loop naar binnen en kom in een kleinere ruimte waar twee keer zoveel spiegels zijn als in de ruimte daarvoor. Op de gok kies ik een andere deur, die ik opendoe. En nog een. En weer een. Ik doe de ene na de andere deur open en elke keer verandert de achtergrond waarin ik mezelf zie: op een begrafenis, in een zaal vol met wiegjes, met de armen van een ander kind om me heen, in het park, in de achtbaan...

Nu snap ik het! Dit zijn de herinneringen van Betty. Als mijn spiegelbeeld tussen haar herinneringen blijft dwalen, wil dat zeggen dat ik het risico loop om voor altijd in de spiegels gevangen te blijven. Dat nooit!

Terwijl ik me zo klein mogelijk maak, ren ik verder.
De ruimtes worden steeds smaller. Ik stik bijna. Nu zie ik in alle spiegels het beeld van Betty naast dat van mij. Ik kan niet blijven staan, ik weet dat ik moet rennen. Ik ben opnieuw in het poppenhuis, dat deze keer veel kleiner is.

Mijn hoofd raakt het plafond en mijn knieën doen pijn van het kruipen.
Op handen en voeten kruip ik rond, gevangen in een doolhof van spiegels. Ik probeer ze kapot te slaan, maar iedere keer dat ik dat doe, zie ik het spiegelbeeld van een slang naast ons, naast Betty en mij. Hoe harder ik sla, hoe groter de slang wordt. Ik weet dat hij me zal verslinden, ik weet dat hij zich om mijn lichaam zal slingeren en me zal doden. Ik kan niet meer... De muren komen op me af... Ik word verpletterd... Ik kan me niet bewegen... Ik kan niet verder... Ik kom er niet langs...

Ik schreeuw nééé!!
Ik schreeuw uit alle macht en alle ramen breken. Ze springen kapot. Niet een blijft er heel. Voor me zie ik de uitgang. Ik kan niet meer, maar ik vind ergens nog de kracht om ernaartoe te rennen. Er zit een raampje in het midden van de deur en daardoorheen zie ik de echte wereld. Aan de andere kant staan Betty en ik met onze handen vast in de bibliotheek.

Op de deur staan letters, maar als ik die op de gewone manier lees, kan ik geen code ontdekken.

Er zijn vijftig minuten verstreken. Ik heb nog maar tien minuten om de deur open te maken en uit deze nachtmerrie te ontsnappen.

KAST
LACH
SCHOOL
STER
WEG
ZON
AVOND
LIEFDE
BEER
DROOM
AUTO
ZINGEN
REGEN

Lees verticaal in plaats van horizontaal.

IK BEN UIT HET VOORPORTAAL VAN ZWAAN ONTSNAPT EN HEB DE DEUR VAN HAAR HUISJE OPEN GEKREGEN!

Het slot gaat open en het lawaai verdwijnt. Jacob haalt opgelucht adem.
'Gelukkig, ze zijn niet naar binnen geglipt.'

Ook de duisternis verdwijnt. In plaats daarvan zie ik het huis van Zwaan halverwege een berghelling. Dat is apart. Het bruin van het hout loopt over in het bruin van de aarde als de zon erop schijnt. Er is een steiger vlakbij. Daar staat Zwaan te wachten.

Er zijn talloze weggetjes die alle kanten opgaan, mooie weggetjes, waarover je altijd zou willen blijven lopen. Het ruikt er naar vers gebakken brood. Het ruikt er naar thuis. Ik krijg zin om hier voor altijd te blijven.

We lopen naar de steiger.
Ik weet nog niet hoe het huis van Zwaan er vanbinnen uitziet, maar ik ben er eigenlijk zeker van dat het lijkt op die huisjes waar oma's in films in wonen, en waar altijd warme chocolademelk, versgebakken taart en knisperende lakens zijn. En waar het nooit koud is. Een huis om in te lachen, te spelen en plezier te hebben.

We komen bij de steiger.
Zwaan verwelkomt ons met een glimlach. Daarna kijkt ze naar Jacob en haar gezichtsuitdrukking verandert. Jacob rent naar haar toe en ze voeren een verhit gesprek. Zwaan maakt een gebaar om Jacob het zwijgen op te leggen. Zij is zo klein en hij zo groot, maar hij houdt zijn mond.

Zwaan praat verder. Ik weet niet waarover, ik weet alleen dat Jacob en Zwaan vanuit hun ooghoeken naar me kijken. Ze praten vast over me, over wat ze met me aan moeten.

'Lia, Cheeta en ik moeten weg. Het spijt me heel erg. Ga mijn huis maar binnen...'

'Dat meen je niet!'

'Sorry hoor, maar ik heb er genoeg van.'

Zwaan kijkt me verbaasd aan. Jacob lijkt geschrokken.

'Ik verzet geen stap meer totdat jullie me vertellen wat er aan de hand is. En als jullie haast hebben, des te beter, dan zou ik maar snel beginnen.'

Ze kijken elkaar aan. Ze kijken naar mij en ten slotte neemt Zwaan een beslissing.

'Lia, we hebben je nodig. De Broederschap van de Sleutel heeft je nodig. Onze broederschap is een cirkel, die gevormd wordt door zes deuren die ons beschermen tegen aanvallen van buitenaf. Als de cirkel gesloten is, vormen de deuren één geheel. Al onze krachten komen samen en worden zes keer zo groot. Maar als er een opening is, kan de cirkel zich niet sluiten en blijft er een lege plek waar ooit een deur was. Dan ontsnapt een groot deel van onze krachten en dat verzwakt ons heel erg. Als het niet lukt om de cirkel te sluiten, kunnen we ons niet verdedigen. Begrijp je?'

'Ik begrijp het. Maar wie achtervolgt ons en waarom?'

'Cheeta, ga jij maar vast. Ik kom er zo aan,' zegt Zwaan tegen Jacob .

'Wacht niet te lang,' zegt hij.

Jacob verdwijnt in de richting van het huis van Zwaan, maar voordat hij gaat, geeft hij me een armband.

'Die zal je nodig hebben.'

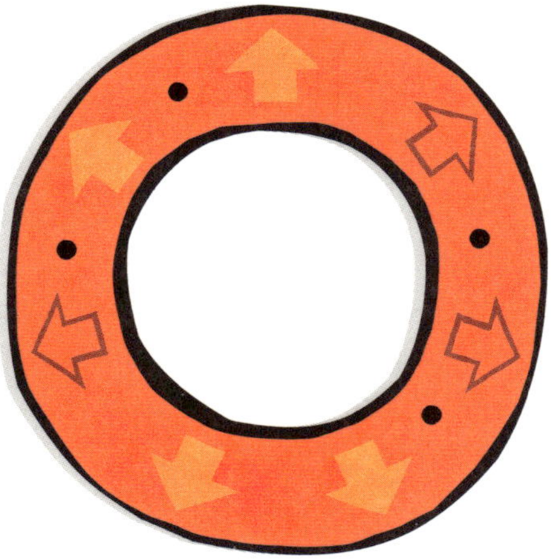

Zwaan vertelt verder.
'Er zijn mensen die liever niet hebben dat de Broederschap van de Sleutel zo sterk is. We wisten dat je krachten zouden groeien naarmate je meer zou leren, en dat andere groepen deuropeners je dan misschien zouden vinden. Maar je bent erg sterk, Lia, en we zijn bang dat ze je al hebben gevonden. Als dat zo is, zullen ze proberen te voorkomen dat je de tests doorstaat en dan kan de Broederschap van de Sleutel haar cirkel niet sluiten.'

'En waarom willen ze niet dat de Broederschap van de Sleutel sterker wordt?'

'Het is de taak van de broederschap om herinneringen en geheimen te bewaren. Wij zijn de bewakers van de privacy en de vrijheid.'

Zwaan pakt me bij mijn hand en we rennen naar haar huis.
De deur staat nog open, zoals Jacob hem heeft achtergelaten, en we gaan naar binnen. Als ik het niet zo druk had met het verwerken van wat Zwaan me net verteld heeft, zou ik nu opscheppen over mijn intuïtie. Want haar huis is precies zoals ik gezegd had dat het zou zijn: enorm knus, geurend naar droge bladeren, haardhout, dekens en warme chocolademelk.

Zwaan loopt resoluut verder. Maar ik ben niet langer bereid haar blindelings te volgen.

'Waar gaan we naartoe, Zwaan?'

'Je moet terug naar het huis van Cheeta. Daar ben je binnengekomen en daar moet je ook weer naar buiten. Je kunt er nergens anders uit. Vergeet dat alsjeblieft niet.'

Ik kijk naar Zwaan, die voor me loopt, en ik vraag me af wie er achter dat masker schuilgaat. Ik heb haar zoveel te vragen dat ik niet weet waar ik moet beginnen.

'En waarom zou iemand zich willen bemoeien met de herinneringen van andere mensen?'

'Meen je dat nou? Kun je je niet voorstellen wat er gebeurt als iemand je herinneringen verandert en je geheimen steelt? Dan zou je niet meer zijn wie je bent.'

Ik geloof dat ik het begin te begrijpen. Een wereld waarin mensen denken wat een paar andere mensen willen dat ze denken. De rillingen lopen over mijn rug. Achterin zie ik een trap die lijkt op de trap in het huis van Jacob.

'Lia, er zijn mensen die hun krachten voor hun eigen doelen gebruiken. Ze gaan de gedachtehuisjes van machtige mensen binnen en zien hun geheimen. Stel je eens voor wat ze daarmee kunnen doen. Sommigen hebben er alles voor over om dat voor elkaar te krijgen.'

Ik kijk op mijn horloge. Het is al laat.

Ik ben niet iemand die er zomaar vandoor gaat, maar dit is veel ernstiger dan ik had gedacht. Ik moet de antwoorden op een rijtje zetten. Ik loop ze door.

> **Antwoord 1:** Ze hebben me nodig als zesde lid van de Broederschap van de Sleutel om de cirkel te sluiten. Wie ontbreekt er?
> **Antwoord 2:** Sommigen willen voorkomen dat ik de test doorsta om ervoor te zorgen dat de broederschap zwakker wordt.

Antwoord 3: Er zijn mensen die geheimen stelen en herinneringen veranderen.

Antwoord 4: Ze gebruiken dat om mensen te laten denken wat zij willen dat ze denken.

Mijn hoofd draait op volle toeren.

'Hoe kan het dat ze me niet eerder gevonden hebben, Zwaan? Ik ga al heel lang de gedachtehuisjes van andere mensen binnen, maar...'

'Omdat je krachten zich nog niet ontwikkeld hadden, ze waren minimaal. Daarom hebben de quantums je niet gevonden. Maar naarmate je meer leert, word je sterker. En hoe sterker je wordt, hoe meer sporen je zult achterlaten, en vroeg of laat zullen de quantums contact met je zoeken.'

'Zijn de quantums degenen die een einde willen maken aan de broederschap?'

'Niet allemaal, het zijn er maar een paar. Kom op, Lia. We kunnen nu niet verder praten, we hebben geen tijd te verliezen.'

Ik ren achter haar aan de trap af die volgens mij naar de hal met de deuren leidt.

We dalen steeds verder de houten trap af waar geen einde aan lijkt te komen. Zwaan is in zichzelf gekeerd: haar rug is gespannen, haar vuisten zijn gebald. Haar lichaam is klein maar straalt een enorme kracht en vastberadenheid uit.

'Waar is het zesde lid van de broederschap? Wat is er met hem of haar gebeurd?'

De vragen kwamen zomaar uit mijn mond gerold. Ik heb niet eens gemerkt dat ik ze stelde. Zwaan blijft abrupt staan.

'Niet nu, Lia, niet nu.'

We gaan de hal met de deuren van Zwaan binnen.
En ik houd mijn mond. Iets diep in mijn binnenste zegt me dat ik haar moet volgen, dat ik haar moet vertrouwen.

Er zijn een heleboel deuren. Sommige herken ik, andere zijn nieuw voor mij. Ik zie de rode deur die ik ook naast die van Jacob heb gezien. Die deur intrigeert me. Aan de rechterkant is nog een citroengele deur.

Zwaan pakt mijn hand en neemt afscheid. Ze zegt dat ik alleen verder moet, dat ik moet vertrekken zoals ik gekomen ben, dat ik alleen naar buiten kan door de uitgang in het huis van Cheeta.

'En je hoeft niet bang te zijn, Lia. Hij wacht op je in het voorportaal om je te beschermen. Je hebt geluk, hij is een van de besten.'

Ze glimlacht naar me en vertrekt. En die glimlach heeft iets spottends. Ik vind het helemaal niet grappig.

Ik ben doodmoe en de tijd gaat te snel. De deur van Jacob zit natuurlijk dicht.

Ik moet hem meteen openmaken.

Als je de letters opdeelt met behulp van de pijlen op de armband, vind je twee woorde

IK HEB HET BERICHT MET DE RING ONTCIJFERD!

In volle vaart skateboard ik door de straat.
Dit ga ik dus niet doen!

WE WACHTEN OP JE BIJ DE DEUR VAN JACOB
DERTIG MINUTEN VOORDAT
DE ZON ONDERGAAT.

Jacob! Echt! Het lukt me nog niet eens om gewoon tegen hem te praten. Toen hij me gisteren in de bus aankeek… ging ik bijna door de grond van schaamte! Hoe kan ik dan zijn hoofd binnengaan? Als ik zijn handen moet vastpakken, word ik zo rood als een tomaat, en dan haal ik die test zeker niet. Ik moet iemand van de broederschap vinden om te vragen of ze me naar het hoofd van iemand anders kunnen sturen.

Een steen. Ik ontwijk hem met mijn skateboard.
Bovendien, als ik zijn hoofd binnenga, zal ik de verleiding moeten weerstaan om erachter te proberen te komen wie hij leuk vindt. Ik zou het natuurlijk niet doen, maar dat zou me veel moeite kosten. Wie weet zou ik dan ontdekken dat hij nooit aan mij denkt… Nou ja, alleen maar als zomaar een meisje van school.

Ik rijd verder op mijn skateboard.
'S Morgens is de bus op tijd. Gelukkig heb ik mijn skateboard, anders zou ik vaak te laat zijn. Die ene keer dat ik vroeg was, dacht ik dat de bus al vertrokken was en ging ik snel naar de volgende halte. Ik kom maar zelden te vroeg.

Sinds ik in Betty's hoofd ben geweest, ben ik een beetje bang om het nog een keer te doen. Wat als ik Jacob pijn doe? Ik zou liever het hoofd van een onbekende binnengaan. Niet dat het me niets kan schelen wat er met een onbekende gebeurt, begrijp me niet verkeerd.

Ik sla de laatste hoek om.

Gelukkig kalmeer ik een beetje. Als Zwaan vanmorgen in de buurt was geweest, had ik haar veren uitgetrokken! Die heeft ze natuurlijk niet echt, maar bij wijze van spreken. Ik weet dat ik me niet druk zou moeten maken om wat Jacob van me denkt, maar ik kan er niks aan doen.

Zal ik het doen of zal ik het niet doen?

Ik doe het! Net zei ik nog van niet, maar ik ben van gedachten veranderd. Als ik één ding zeker weet, dan is het wel dat mensen er helemaal niks van merken als ik hun hoofd binnenga. En anders, kijk maar naar Betty! Als het nog langer had geduurd, had ik een hartaanval gekregen daarbinnen, en voor haar was het alsof er niks gebeurd was. Een beetje hoofdpijn en ze kon gewoon weer verder met haar uitgestreken gezicht.

Het ergste wat me kan gebeuren is dat Jacob lid van de broederschap is. Als dat zo is, weet hij toch alles al over mij en heb ik niks te verliezen.

De laatste meters voordat ik bij de bus ben.

Ik wil niet dat de leden van de broederschap denken dat ik een schijterd ben, want dat ben ik niet. Het zou helemaal niet erg zijn als ik dat wel was, maar ik ben het niet. Punt uit. Als ik het niet doe, lijkt het net alsof dat komt doordat ik het laatst zo zwaar had in het hoofd van Betty. En dat is niet de reden. Ik heb geen zin om mijn hart bij hen uit te storten en te vertellen dat ik Jacob leuk vind. Dat zijn mijn zaken. En bovendien, zo leuk vind ik hem nou ook weer niet.

Mooi! Ik ben op tijd bij de bus.

ZO LEUK VIND IK HEM NOU OOK WEER NIET

De laatste les van de dag begint.
We zitten bij tekenen. Meneer Martín heeft het over een tekenaar die M.C. Escher heet. In eerste instantie let ik niet zo op, maar dan laat hij een paar afbeeldingen zien waar ik enorm van onder de indruk ben. Het lijken wel labyrinten, met talloze lijnen die elkaar kruisen. Ze lijken abstract, maar als je vanuit een bepaalde hoek kijkt, zie je wat het zijn: trappen, vogels, onmogelijke weggetjes... Ik vind het prachtig. Als ik ooit kunstenaar word, wil ik zijn zoals hij.

Ik kijk naar Jacob. Hij zit een paar rijen voor me.
Ik heb een plan om zijn hoofd binnen te gaan. We moeten voor morgen een inkttekening maken. Als Jacob aan het tekenen is, geef ik hem een duw waardoor zijn tekening wordt verpest, en dan blijf ik na om hem te helpen. Hoogstwaarschijnlijk wil hij dan nooit meer met me praten, maar ja. Ik kan niks beters bedenken.

Ik doe de rest van het uur alsof ik zit te tekenen.
Nu! Ik kan niet langer wachten en sta op. Ik loop naar hem toe en stoot tegen zijn arm terwijl hij net een lijn trekt met zijn pen. Het papier is zelfs gescheurd! Ik vind het heel erg dat ik me zo gedraag, maar ik moet in zijn hoofd zien te komen en er is vrijwel geen tijd meer. Met zijn kin in zijn handen kijkt hij me aan.

'Wat ben je toch onhandig.'

Ik schaam me dood!

'Het spijt me.'

Mijn stem is bijna niet te horen. Ik durf hem eigenlijk niet aan te kijken, maar als ik kijk, zie ik dat hij niet boos is. Hij glimlacht zelfs naar me. Wat is hij toch knap.

Mijn hart gaat als een bezetene tekeer.

Ik vertel hem wat ik had voorbereid, maar ik praat zo snel dat ik niet weet of hij me begrijpt.

'Ik vind het zo erg. Ik blijf straks wel na, dan help ik je een nieuwe te maken.'

Ik ga pijlsnel terug naar mijn plek. Ik kijk hem niet aan en wacht niet op een antwoord. Ik ben op van de zenuwen en krijg er buikpijn van. Vanaf waar ik zit, kan ik alleen zijn rug zien. Blijft hij straks na de les zodat ik hem kan helpen? Ik kijk op mijn horloge. Wat gaat het traag! Ik zou willen dat Valk hier was, dan kon hij met zijn speciale krachten de tijd sneller laten gaan.

De zoemer klinkt. Einde van de les.

Mijn hart maakt een sprongetje. Iedereen is weg, behalve Jacob, die op zijn plek is blijven zitten. Ik loop naar hem toe en ga naast hem zitten. Hij lijkt niet boos of verbaasd, hooguit nieuwsgierig. Ik pak zijn handen voordat hij de tijd krijgt om iets te zeggen en kijk hem aan.

Die ogen...

Zoefff.

Lieve hemel! De deur van Jacob is indrukwekkend. Ik weet dat wat ik nu ga zeggen heel vreemd klinkt.

De deur is zwart als de duisternis eromheen, maar steekt toch af bij al het andere, en dat maakt hem indrukwekkend.

Ik kijk of er iemand in de buurt is. Als ik de deur openkrijg, neem ik aan dat Zwaan tevoorschijn komt, net als die andere keren. Maar ik zie nog niemand.

Ik kijk naar de deur en ga er liefkozend met mijn hand overheen.

De deur van Jacob is echt indrukwekkend. Ik geloof dat ik in herhaling val. Mooi, zwaar, solide... en met tweeëntwintig sleutelgaten. Niet een of twee, nee tweeëntwintig. Waarom heeft Jacob in vredesnaam zoveel sloten? Ik zie maar drie mogelijke redenen.

Eén: Hij is een angsthaas, daarom wil hij zoveel sloten. Natuurlijk zou hij dan wel moeten weten dat er gedachtehuisjes bestaan...
Twee: Hij is een deuropener.
Drie: Hij is geen deuropener maar heeft krakers in zijn gedachtehuisje.

De eerste is onmogelijk en de derde is onzin. Dus is Jacob een deuropener, dat kan niet anders. Zou hij ook bij de broederschap horen?

Bij het idee alleen al krijg ik de zenuwen.

Tweeëntwintig sloten. Kan ik die openkrijgen?

Achter de sloten gaan letters en cijfers schuil.
Combineer die op kleur en zet ze in de juiste volgorde.

IK HEB DE DEUR VAN MIJN GEDACHTEHUISJE OPEN GEKREGEN!

Ik had niet gedacht dat het zo moeilijk zou zijn om een door mij gemaakt slot te openen.
Het lukt me bijna niet. Maar uiteindelijk klikt de deur open.

De zenuwen gieren door mijn keel. Ik sta op het punt om mijn eigen huisje te ontdekken.
Voor mijn ogen ontstaan de muren van het bouwsel. Mijn deur geeft toegang tot een oude fabriek die is omgebouwd tot appartementen, die je kunt bereiken met een grote oude lift die vroeger voor vracht werd gebruikt. De muren zijn van rode baksteen, het ruikt naar pas gewassen kleren. Ik ben blij verrast met mijn huis. Ik houd wel van huizen op het platteland, maar alleen om er op bezoek te gaan, ik zou er nooit in willen wonen. Links op de gevel staat enorme, kleurige graffiti.

'Niet slecht.'

Ik kijk Betty verbaasd aan. Ze heeft het niet over het huis, maar over de veiligheidssloten die ik op de deur heb gemaakt.

'Als je er nog een klein beetje aan werkt, zijn ze in orde. Nu zijn ze nog niet honderd procent veilig.'

Ze heeft niet gezegd dat ze goed zijn, dat zou te veel gevraagd zijn. Ze heeft niet gezegd dat ik enorm mijn best heb gedaan en dat ze behalve moeilijk te ontcijferen ook nog eens mooi zijn. Nee, dat heeft ze allemaal niet gezegd. 'In orde' zei ze. Vreselijk, ze is gewoon vreselijk.

'Lia, kan ik gaan?'

Ja, natuurlijk kan ze gaan. ('Graag!' zou ik eigenlijk willen zeggen.)

Betty blijft staan.

'Je wilt toch niet dat ik door dezelfde deur vertrek als waardoor ik ben binnengekomen?'

O ja, natuurlijk, de hoofdpijn. Dat was ik even vergeten. Als ze door dezelfde deur weggaat als waar ze door is binnengekomen, krijgt ze straks die vreselijke hoofdpijn. Het idee staat me bijna wel aan. Ik heb geen zin om samen met haar voor het eerst mijn huisje binnen te gaan. Maar als ik haar naar de uitgang moet brengen... zal ze met me mee moeten...

Betty lijkt nu echt boos te worden.

Ik laat haar nog even wachten, maar uiteindelijk mag ze binnenkomen. Zo gemeen ben ik nou ook weer niet.

Maar Betty is hier al eens geweest.

'Ik ga, Lia. Ik laat je even alleen. Maar doe wel al je deuren op slot.'

En ze loopt resoluut naar een deur achter in de ruimte. En alsof dat nog niet erg genoeg is, zegt ze, terwijl ze naar een plek aan de rechterkant wijst, die ik niet kan zien:

'En doe daar ook nog even een slot op, Lia. De hele wereld hoeft toch niet te weten hoe het zit met jou en Jacob.'

Ik kijk waar ze naar wijst en ik kan wel door de grond gaan van schaamte als ik ontelbare afbeeldingen van Jacob vanuit allerlei hoeken zie.

Betty maakt me razend, maar het gevoel dat ik alleen achterblijf is erger.

Als ik weer alleen ben, loop ik het gebouw door. Elke verdieping is een open ruimte.

De appartementen hebben geen binnenmuren, dus als je op een van de verdiepingen uit de lift stapt, zie je alles. Nou ja, niet alles, want op de bovenste en de onderste verdieping zitten uitschuifbare trappen achter de oude planken die het dak en de vloer bedekken. Er komt geen einde aan het landschap dat je door de grote ramen ziet: honderden schoorstenen van verschillende afmetingen vormen de omgeving waarover je uitkijkt. Het zijn schoorstenen van glas die het licht zo filteren dat de kleuren steeds veranderen, afhankelijk van het tijdstip. Het landschap is magisch maar ook echt.

Ik ga naar de kelder en kijk even rond in de hal met de deuren.

De mooie, zwarte deur van Jacob bevindt zich naast die van mij. Aan de andere kant van mijn deur is een keurig nette hemelsblauwe deur, die eerlijkheid en vriendelijkheid uitstraalt. Die moet van mijn oom zijn, daar ben ik zeker van. En hoewel ik haar niet mag, is daar ook de kauwgumroze deur van Betty. Dan zijn er nog twee wazige deuren, van verdwenen deuropeners. Ik heb geen idee waarom, zo goed kende ik Andrew niet. Ze zijn verder weg, maar ze zijn er wel. En ik moet ervan huilen.

Gelukkig ben ik alleen in mijn huisje.

En hoewel het mijn huis is, raak ik de weg kwijt. Ik verdwaal.

648210504765638369701978364554637380819
382246464636475819101068374645367798190

MET BEHULP VAN DE ARMBAND BEN IK IN HET VOORPORTAAL VAN JACOB AANGEKOMEN!

Ik ben in het voorportaal van Jacob.

Als ik naar binnen ga, zie ik alleen duisternis. Ik weet wel dat je duisternis niet ziet, maar dat is de enige manier waarop ik het kan uitleggen. Ik adem diep in en stap het donker in.

'Jacob!'

Hij moet hier ergens zijn, dat heeft Zwaan me verteld. Hij zou in het voorportaal wachten. Maar ik zie niks.

'Jacob!'

'Bukken, Lia!'

Plotseling schiet er een vuurbal door de ruimte. Ik buk en de vuurbal scheert in volle vaart vlak langs mijn hoofd totdat hij ergens tegenaan botst. Ik hoor een ijzige schreeuw achter me en daarna is het stil.

'Jacob?'

Ik probeer iets van licht te maken met het flauwe schijnsel van mijn horloge, maar dat helpt niet echt. Ik voel hoe ik word vastgepakt en een hand het licht afschermt. Ik geef een gil.

'Ssst!'

Het is Jacob. Hij pakt me beet en leidt me doodstil door de duisternis. We lopen verder en plotseling hoor ik achter ons voetstappen van lopende mensen.

Dan beginnen we te rennen en hoor ik voetstappen van rennende mensen. Het ergste is dat ik niks kan zien. Ik houd Jacobs hand stevig vast en we rennen steeds harder. Dan komen we bij zijn deur. Hijgend duwt hij hem open en slaat hem met een klap weer achter ons dicht. Eindelijk kan ik opgelucht ademhalen.

'Wie waren dat?'

'Nu weten we het zeker, Lia. Ze hebben je gevonden. We hoopten dat je wat meer tijd zou krijgen. Maar ze hebben je gevonden.'

Ik sta perplex.

De tranen staan in mijn ogen. Als ik me niet beheers, barst ik zo in snikken uit.

'Ze hebben zeker geprobeerd om ons te doden met die vuurbal?'

'Nee, dat was ik. Dat heb ik gedaan om je de tijd te geven om te ontsnappen, maar maak je geen zorgen, daarmee kun je niemand doden.'

Hij staat op het punt om zijn armen om me heen te slaan, ik weet het, ik voel het... en ik doe een stap opzij.

VERTROUWEN

Als ik in de bus zit, denk ik altijd na. Ik kijk uit het raam en zweef weg.

Toen dit hele avontuur begon, voelde ik me echt alleen. Ik was ervan overtuigd dat ik het geheim van mijn krachten nooit met iemand zou kunnen delen. Hoewel ik ook dacht dat mijn krachten van mij waren en van niemand anders, en dat ze dus onschadelijk waren. Nu weet ik dat de situatie heel anders is. Maar ik ben niet meer alleen.

Het voorval met Jacob in het voorportaal is nu twee dagen geleden. Sinds dat moment gaan we overal samen naartoe, alsof het de gewoonste zaak van de wereld is. Hij zegt dat hij me niet alleen wil laten, dat het te gevaarlijk is, dat we samen beter beschermd zijn. En ik vind het prima. Het lijkt wel een eeuwigheid geleden dat ik de broederschap heb leren kennen in de fabriek.

Lily zit naast me in de bus en kijkt naar me.

Jacob en ik delen iets wat ik met niemand anders kan delen. Gisteren ben ik opnieuw zijn gedachtehuisje binnengegaan. Hij laat me daar alleen rondlopen terwijl hij weet dat ik kan doen wat ik wil. Dat betekent maar één ding: dat hij me voor de volle honderd procent vertrouwt. Dat gebeurt me eigenlijk nooit. Niemand heeft ooit zoveel vertrouwen in me gehad als hij. Oké, natuurlijk, mijn oom houdt veel van me; waarschijnlijk is er niemand in de wereld van wie hij zoveel houdt. Maar dat betekent nog niet dat hij me volledig vertrouwt.

Maar Jacob vertrouwde me voor honderd procent.

Ik heb hem gevraagd hoe hij wist dat ik een deuropener was, en hij zei dat hij niet degene was die het ontdekt had.

Ik heb hem ook gevraagd wie er schuilgaan achter de maskers van Zwaan, Valk, Eekhoorn en Slang, maar hij zei dat hij dat niet kon zeggen, dat zij beslissen wanneer ze zich aan mij bekendmaken.

Lily probeert mijn aandacht te trekken, maar ik blijf uit het raam kijken.

Ten slotte heb ik hem gevraagd of er ooit een zesde lid van de broederschap was geweest. Hij sloeg zijn ogen neer en bevestigde het. Ik wilde weten wie het was. Jacob keek me aan en zei dat Zwaan het me wel zal vertellen als zij vindt dat het moment daar is. Zwaan is een soort generaal voor hen.

Jacob maakt zich zorgen. Ik merk het. Hij glimlacht en doet alsof er niks aan de hand is, maar ik weet dat hij bezorgd is.

Ik was bang dat hij die middag iemand vermoord had om mij te verdedigen. Hij zegt dat hij ze alleen heeft weggejaagd, dat het tot nu toe nooit nodig was geweest om iemand te vermoorden. Dat stelt me gerust.

Volgens Jacob horen die indringers bij de groep 'quantums', die denken dat ze het recht hebben om dromen te stelen en herinneringen te veranderen als zij dat nodig vinden. De leden van de broederschap, en andere deuropeners, vinden dat inbreuk op de privacy van mensen en dat mag niet. De quantums zeggen dat ze voor een hoger doel werken, een betere wereld, maar volgens Jacob klopt dat niet helemaal: soms veranderen ze herinneringen om er zelf beter van te worden.

De bus stopt.

'Heb je iets met Jacob?'

Lily is onvermoeibaar. Voordat ze uitstapt, doet ze nog een laatste poging om meer te weten te komen. Ze vraagt het me wel dertig keer op een dag. Wat een gedoe! Hoewel ik blij ben dat ze me dit vraagt en niet iets anders.

'Natuurlijk niet. Waarom vraag je dat?'

'Vanwege je oorbellen. Die had je nog niet. Dag...'

Dat is waar. Ik was het bijna vergeten. Jacob heeft me een paar oorbellen gegeven. Hij zegt dat ze heel oud en bijzonder zijn, en dat ze me zullen helpen berichten te ontcijferen.

Ik ben weer thuis.
Vandaag spaghetti. Lekker! Maar binnenkort doe ik mijn oom een schriftelijke kookcursus cadeau; eens zien of hij de hint begrijpt.

Ik eet snel mijn bord leeg.
Ik heb zin om naar mijn kamer te gaan. Ik hoop dat ik morgen mijn volgende test krijg. Er is zoveel dat ik wil vragen, zoveel dat ik wil leren! En als Zwaan de enige is die het me kan uitleggen, kan ik haar maar beter zo snel mogelijk weer zien.

Zoals de zaken ervoor staan, begrijp ik dat ze liever niet vertellen wie er achter de maskers schuilgaan, maar het stoort me toch dat ik niet weet met wie ik praat. Ik zou willen dat iedereen net zoveel vertrouwen in me had als Jacob.

De avonden duren een eeuwigheid. Ten eerste omdat het wel lijkt alsof mijn oom elke avond met me wil praten. Laatst nog vroeg hij of er iets aan de hand was. Maar hij vroeg het me niet in de zin van 'Ik ga me met jouw zaken bemoeien omdat dat nu eenmaal moet'.

Nee, hij vroeg het in de zin van 'Ik weet dat er iets met je aan de hand is en dat je het me niet kunt vertellen'.

Dat soort dingen vallen me op.

Ik lig al in bed, ben benieuwd of ik kan slapen.

Het lukt me niet. Ik kijk op mijn mobieltje of ik berichten heb. Een kwart van de berichten die ik heb, komt van Lily, die maar blijft vragen of Jacob mijn vriendje is. Maar wat moet ik tegen haar zeggen? Dat we allebei deel uitmaken van een geheime broederschap die verwikkeld is in een strijd met types die binnendringen in de hoofden van mensen om hun geheimen te stelen? Uiteindelijk zal ik maar zeggen dat hij mijn vriendje is, omdat ze dan misschien haar mond houdt.

Nee, ik kan niet tegen Lily zeggen dat Jacob mijn vriend is. Om twee redenen:

Eén: omdat ik door de grond zou gaan van schaamte.
Twee: omdat hij dat niet is. Jacob is niet mijn vriendje. Jacob is degene met wie ik op dit moment deel wat ik met niemand anders kan delen. Een beetje alsof hij mijn Siamese tweelingbroer onder de deuropeners is.

Er komt een nieuw bericht binnen.

Het is van Jacob. Lily zou gek worden als ze wist dat Jacob me elke avond een berichtje stuurt om me welterusten te wensen.

Ik doe mijn ogen dicht.

Triiing.

De wekker gaat.

Ben ik in slaap gevallen? Wanneer dan?

Ik begin te tekenen. Hè hè, eindelijk... Vandaag heb ik een bericht. Maak je borst maar nat, Zwaan. Nu zul je me alles moeten vertellen.

Neem de oorbellen als uitgangspunt en vervang elke letter
door de letter die twee plaatsen verder in het alfabet staat.

HET IS ME GELUKT OM UIT HET HOOFD VAN BETTY TE ONTSNAPPEN!

Ik heb een paar dagen bijna niets gezegd. Dat is niks voor mij.
Het is vandaag twee dagen geleden dat ik uit het hoofd van Betty ben ontsnapt. Ik ben nog steeds van slag door alles wat er gebeurd is. Ik geloof niet dat ik ooit zoiets gevaarlijks heb meegemaakt. Ik weet niet wat er gebeurd zou zijn als ik niet geschreeuwd had. Het was mijn schreeuw die de spiegels brak. Ik schreeuwde echt keihard; ik had nog nooit zo hard geschreeuwd, zo vanuit mijn binnenste. En nu ik die kracht heb ontdekt, ben ik een beetje geschrokken. Ik weet dat ik veranderd ben. Ik weet dat het raar is om te zeggen dat ik binnen twee dagen veranderd ben. Maar ik voel dat het zo is.

Zwaan zei dat ik sterk ben. Dat ik mijn krachten had gebruikt als een eenzame strijder. Ik bloosde en het verbaasde me, in die volgorde.

Ik moet nog heel veel leren.
Er zijn veel dingen die ik niet weet. En nu ik weet dat er dingen zijn die ik niet weet, moet en zal ik ze te weten komen. Het lijkt een woordspelletje, maar dat is het niet. Het eerste dat ik zou willen leren is mijn krachten beheersen. Ik heb van alles kapotgemaakt en ik denk dat dat op de een of andere manier schade heeft veroorzaakt in het hoofd van Betty. En ik wil niemand schade toebrengen.

Betty huilde toen ik haar hoofd verliet. De wallen onder haar ogen kwamen bijna tot op de grond en ze had vreselijke hoofdpijn. Als ze dat parfum niet had opgehad, had ik haar ter plekke omhelsd. Aan ons geschiedeniswerkstuk hebben we natuurlijk niet meer gewerkt; ze zei dat ze zich niet goed voelde en dat ze naar huis ging. Voordat ze wegging keek ze me aan alsof ze iets wilde zeggen, maar ze deed het niet. Of misschien dacht ik dat alleen maar. Ik zei het al, als ik iemands gedachtehuisje ben binnengegaan, dan voel ik me met die persoon verbonden, ook als ik hem of haar niet mag.

Toen ze de bibliotheek uitliep, bukte ze en pakte ze een ring van de grond. 'Ik geloof dat die van jou is,' zei ze. Ze gaf hem aan me en vertrok.

Ik pak mijn boeken bij elkaar en stop ze in mijn schooltas. Gisteren heb ik Betty gezien en hebben we aan geschiedenis gewerkt. Ik weet zeker dat ze zich niets herinnert, omdat ze nog altijd even irritant en lichtgeraakt is als altijd. Ik zie nu geen enkele verandering meer bij haar. En daar ben ik bijna blij om.

Ik hoop dat de broederschap snel contact met me opneemt. Nu weet ik dat ik niet gek ben, dat alles wat me overkomt echt is, dat ik sterk ben en dat ik het aankan, hoewel ik niet weet wat. Elke avond als ik ga slapen, hoop ik dat ze contact met me opnemen en 's morgens maak ik meteen een tekening.

Ik ben er zeker van dat de ring niet toevallig op de vloer van de bibliotheek lag. Hij lijkt namelijk erg op het medaillon dat ik van de broederschap heb gekregen.

Opnieuw in de bus op weg naar huis.
'Waar was je gisteren in de pauze? Je ziet eruit alsof je amper geslapen hebt. Heb je soms een vriendje? Vertel nou eens wat. Maak je je ergens zorgen over?'

Dat is Lily. Vaak luister ik niet eens naar haar. Af en toe maak ik een gebaar alsof ik weet waar ze het over heeft en klaar. Ook als ze dat wist, zou ze niet kwaad worden. Ik zou gewoon zeggen dat ik me ergens zorgen over maak en dat zou ze begrijpen. Lily is superaardig. Ik ben blij dat ze mijn beste vriendin is, ook al is ze nog zo'n kletskous.

Hoe zou ik haar de waarheid kunnen vertellen? Dat gaat niet.

Lily vertelt dat ze gisteren ruzie heeft gehad met haar zus en ik heb niet eens gehoord waarover het ging.
Het is weer tijd om alles op een rijtje te zetten. Alles wat ik heb geleerd over mijn krachten:

Punt 1: Maximaal een uur in een gedachtehuisje.
Punt 2: Tijd is veranderlijk, ik kan alleen op mijn eigen horloge vertrouwen.
Punt 3: Als je door de uitgang naar buiten gaat, krijg je geen hoofdpijn.
Punt 4: Dingen zijn niet altijd wat ze lijken.
Punt 5: Ik moet op mijn krachten vertrouwen.
Punt 6: Ik moet heel voorzichtig zijn, want ik kan zonder dat ik dat wil mensen pijn doen.

De bus stopt bij de volgende halte en Jacob stapt uit.
Weer die zenuwen. Ik doe alsof ik niet naar hem kijk, maar ik kijk toch. Hij is bijna een jaar ouder dan ik, hoewel we in dezelfde klas zitten. Hij is in januari geboren en ik in november. Als hij langs me schuifelt, heb ik het gevoel dat hij naar me kijkt en daar word ik bloednerveus van. Ik vind hem wel leuk, maar niet heel erg. Ik geloof dat Marianne hem ook leuk vindt. Als hij het voor het zeggen had, weet ik zeker dat hij voor haar zou kiezen. Dus ik ga echt niet zitten hopen.

De bus trekt weer op. Ik kijk door het raampje naar Jacob.
Ik ben ervan overtuigd dat sommige passagiers in deze bus leden van de broederschap zijn. Dat moet haast wel.

En dan niet omdat ik achterdochtig ben, al ben ik dat wel, maar omdat het statistisch gezien niet anders kan. Ik weet niet hoe ik dat precies moet bewijzen, maar het is wel zo.

De bus stopt bij mijn halte. Ik stap uit en loop naar huis.
Vanavond ga ik vroeg naar bed. Alweer. Ik snap niet hoe die lui van de broederschap berichten voor me kunnen achterlaten terwijl ik slaap. Maar ik doe wat ik kan om heel vroeg naar bed te gaan. Mijn oom begint me aan mijn hoofd te zeuren en heeft al gevraagd of ik ergens over wil praten.

'Ook als het om meidendingen gaat.'

Als ik zou kunnen, zou ik hem alles vertellen om hem uit zijn lijden te verlossen. Ik weet zeker dat hij zich beroerd voelt omdat hij denkt dat hij geen goede vader is of zo. Maar ik kan het hem niet vertellen. Het lijkt me wel duidelijk waarom.

Ik ben thuis. Mijn oom maakt het eten klaar en ik trek een vies gezicht.
Nee, ik houd niet van boontjes met aardappelen, en al helemaal niet omdat mijn oom ze bijna elke avond maakt.

'Groenten zijn goed voor je.'

Steeds weer hetzelfde verhaal, alsof er geen andere groenten op de wereld zijn. Als we geen boontjes eten, dan eten we spaghetti en dat vind ik wel lekker. Koken is niets voor hem. Maar ik heb geen zin in discussies, dus ga ik naar mijn kamer om muziek te luisteren. Meestal help ik hem in de keuken, maar vandaag heb ik te veel aan mijn hoofd.

Een paar nummers later roept hij me voor het eten.
Ik eet supersnel, doe de afwas en ga vroeg 'slapen'.

Zo snel als ik kan, ga ik naar mijn kamer.
Ik heb tegen mijn oom gezegd dat ik proefwerken heb, zodat hij niet raar opkijkt als ik voor negen uur naar mijn kamer ga. Dat is niet helemaal gelogen; wat er nu met me gebeurt, de tests van de broederschap en alles wat daarbij hoort, is ook een soort proefwerk, anders dan de proefwerken van school, maar toch een soort examen.

Het ergste van alles is dat het me heel veel moeite kost om in slaap te vallen, al ga ik nog zo vroeg naar mijn kamer. Dat komt door de zenuwen. Hoe sneller ik wil dat de tijd gaat, hoe langzamer hij gaat. Het is altijd hetzelfde liedje.

Ik lig te woelen in bed.
Het lukt me totaal niet om in slaap te vallen. Er komen allerlei beelden voorbij in mijn hoofd. Ik pak mijn mobiel om even aan iets anders te denken. Ik ben niet zo'n sociaal type, dus ik heb niet echt veel berichten. Maar ik beantwoord de berichten die ik heb en stuur een paar nieuwe. Ik heb afleiding nodig.

Ik ben toch in slaap gevallen.
Triiing.

De wekker gaat.

Het lijkt wel of ik geen oog heb dichtgedaan, maar ik sta toch op. Ik kan niet wachten om te kijken of iemand van de broederschap me vannacht een bericht heeft gestuurd. Het maakt me niet uit dat ik maar zes uur heb geslapen.

Ik pak mijn potloden en papier en begin te tekenen.
Eindelijk, een nieuw bericht van de broederschap! Wat is dit? Getallen? Waar heb ik eerder getallen gezien? Natuurlijk, op de ring die Betty me heeft gegeven in de bibliotheek!

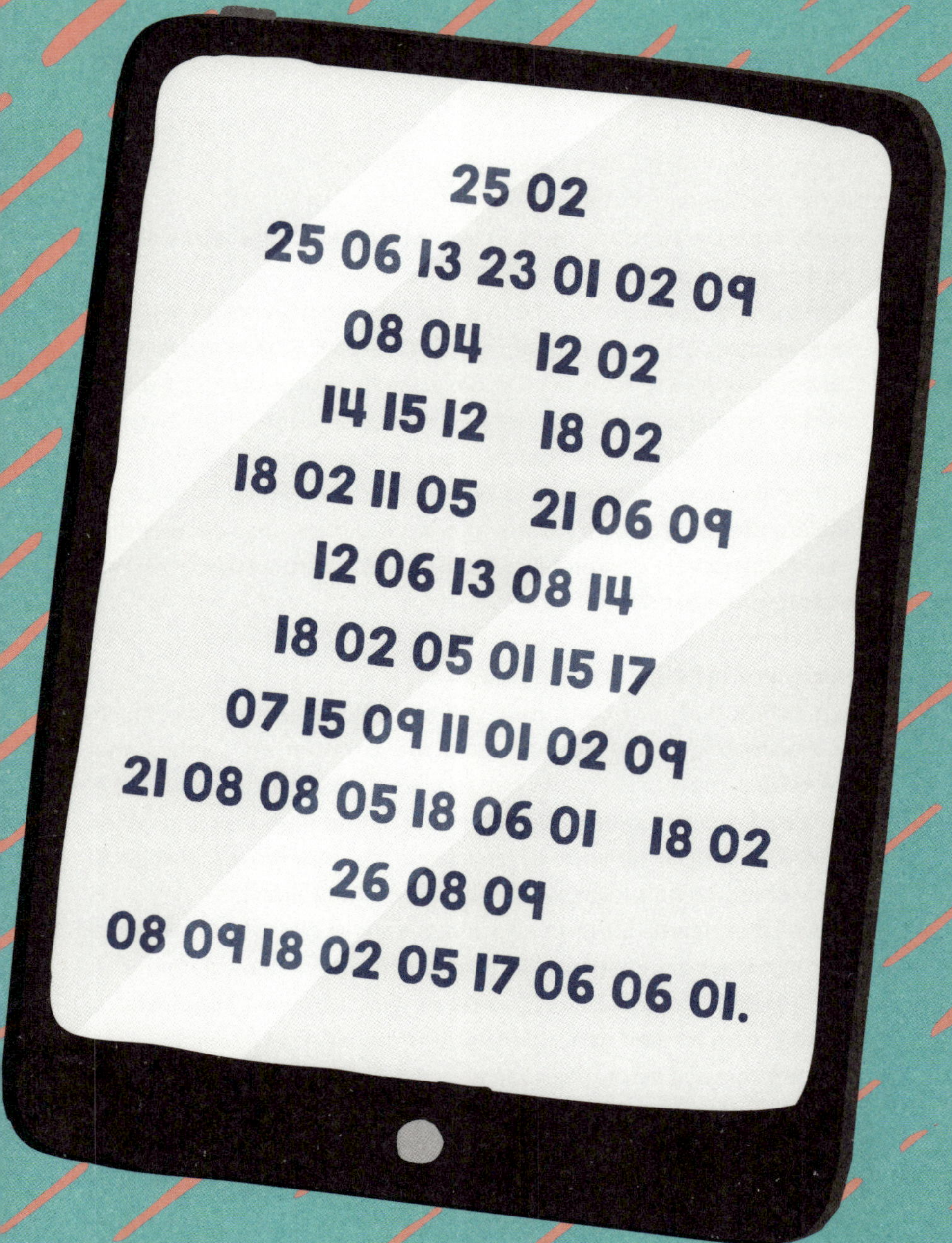

Gebruik de ring en vervang de cijfers door de bijbehorende letters.

HET IS ME GELUKT OM UIT HET HOOFD VAN MINDY TE KOMEN!

In de wc's op school kijk ik in de spiegel naar de wallen onder mijn ogen.

Ik heb slecht geslapen. Vannacht is er iemand in mijn hoofd geweest. Iemand die niet van de broederschap is, bedoel ik. Hoe ik dat weet? Gewoon, omdat ik het weet. Omdat ik lag te zweten en met gebalde vuisten wakker werd. Omdat mijn oom zegt dat ik geschreeuwd heb in mijn slaap. En omdat ik heel erg boos ben, boos en moe.

Toen ik vanmorgen begon te tekenen, verschenen er alleen maar akelige dingen. Kapotte sloten, gebroken ramen, keer op keer dingen die op gevaar duidden. Ik weet niet wat er gebeurd is. Ik kan me niets herinneren.

Ik zie er niet uit, niks aan te doen.

Het eerste wat ik gedaan heb, is Jacob bellen. Hij zei dat het te verwachten was dat de quantums me zochten en contact met me wilden maken. Hij denkt dat ze alleen willen voorkomen dat ik me aansluit bij de broederschap en dat ze me daarom bang willen maken, maar dat hij voor de zekerheid de anderen zal vragen of iemand vannacht hun gedachtehuisje is binnengegaan.

Heel snel daarna stuurde hij me een bericht om te zeggen dat er met hen niets aan de hand was, dat niemand iets heeft gemerkt en dat er in geen enkel huisje schade is aangericht. 'Het is je gelukt, Lia, je hebt ze op afstand gehouden,' schrijft hij. Hij doet er een emoji bij van een knipoog en nog een van een gebalde vuist.

Ik ben een beetje in de war. Niet zo lang geleden ging ik nog het hoofd van een ander binnen om met onbenullige dingen te helpen, zoals bij dat oude vrouwtje in haar nachthemd. En nu worden er in mijn hoofd, zonder dat ik het weet, hele veldslagen uitgevochten. Het is onvoorstelbaar! Ik weet niet of ik erom moet lachen of huilen.

Ping. Een nieuw bericht op WhatsApp. Dat moet Jacob zijn. Ik heb met hem afgesproken.

Het is inderdaad Jacob, maar hij zegt dat hij niet komt. Dat hij iemand anders stuurt die me beter kan helpen dan hij. Hij stuurt Slang!

Slang? Hoe kan zij me nou helpen als ze me niet kan uitstaan?

'Je zult het zien, die slingert zich om mijn nek en wurgt me,' antwoord ik. Voordat ik het huis van Mindy binnenging, vermoedde ik al dat Betty Slang was, maar ik weet het niet zeker. Ik heb het aan Jacob gevraagd maar die wil het me niet vertellen.

Dus protesteer ik via WhatsApp. Ik wil niet alleen zijn met Slang.

'Lia, de dingen zijn niet altijd wat ze lijken. En als er íemand is die je op dit moment kan helpen dan is zij het wel.'

'Maar wie is Slang dan, Jacob? Hoe weet ik dat zij het is?'

Het is een rare dag vandaag. Hij is raar begonnen en ik heb zo'n voorgevoel dat hij ook raar zal eindigen. Ik kon me niet concentreren op school en ik heb het idee dat iedereen afkeurend naar me kijkt. We hebben allemaal wel eens een rotdag, toch? Maar er gebeurt verder niks.

Zo erg is het nou ook weer niet, Lia.

Sinds Mindy me heeft geleerd om dingen te maken, ben ik blijven oefenen. Het gaat me goed af. Ik ga regelmatig naar het gedachtehuisje van Jacob om te oefenen. Ik heb een paar hulpstukken voor bij mijn pak gemaakt: metalen haken, een nachtkijker en andere dingen die lijken op wat ik bij Batman heb gezien. Ik ben een beetje gestoord, ik weet het. Maar ik heb van mijn oom geleerd dat je nooit weet wat je op een dag nodig kunt hebben om je uit de penarie te halen, en hij is klusjesman.

'Lia, komt het je uit om nu even te praten?'

Grote god, dat is het luchtje van Betty. Is zij Slang? Misschien ook wel niet; ik ga het testen.

'Ik kan nu niet, Betty. Misschien beter een andere keer. Zo belangrijk kan het niet zijn wat je me te vertellen hebt, toch?'

Ja, ik weet het... Soms ben ik een beetje gestoord.

'Je vergist je, Lia. Wat ik je te zeggen heb is wel belangrijk. Het voortbestaan van de broederschap is vannacht in gevaar gekomen omdat jouw gedachtehuisje niet goed beveiligd is. En wie kan je daar beter bij helpen dan ik? Dus even niet zeuren, nu. Ik weet niet of het helpt, maar ik zit er ook niet op te wachten om je te spreken. Dus hoe eerder we beginnen, hoe eerder we klaar zijn.'

Oké, dus Betty is inderdaad Slang. En daar heeft ze wel een punt.

'Waarom heb je zo de pest aan me, Betty?'

Als we bij de kantine zijn, komt net de biologielerares met een groep leerlingen de hoek om. Ze heeft ons gezien. Ze hebben een praktijkles en ze nodigt ons uit om ons bij de groep aan te sluiten. Nou ja, we weten allemaal dat een uitnodiging een bevel is, als het van mevrouw O'Donell komt. Zo gaan die dingen nou eenmaal bij mij op school.

'Als je vanavond komt, dan leg ik het je allemaal uit,' fluistert Betty in mijn oor voordat ze me een briefje geeft en een raar soort kompas .

Ik moet het bericht van Betty zo snel mogelijk ontcijferen als ik haar vanavond wil spreken.

WMZEMMI NDUDZNDWDZLGI
AGZSLDZ ZM
AGEEDBZMOJL
VMMB MTTDU RDICZ.

Vervang de letters door de letters die het kompas aangeeft.

MIJN HUISJE IS BEVEILIGD EN IK GA ER ELKE DAG EVEN LANGS!

Ik ben in mijn gedachtehuisje.
Sinds ik heb geleerd om mijn gedachtehuisje binnen te gaan, kom ik er zo vaak als ik kan. Dit is mijn schuilplaats, hier kan ik blijven zo lang als ik wil, zonder dat die regel van een uur geldt. Dat heeft Jacob me verteld. Waar ik wel op moet letten is dat ik niet te lang uit de echte wereld verdwijn. Ik ben nu eenmaal graag alleen, maar een paar dagen geleden kwam ik om half negen 's avonds thuis en mijn oom stond al op het punt om de politie te bellen.

Laatst heb ik de broederschap uitgenodigd in mijn huisje. Zwaan complimenteerde me met de inrichting. Ik heb een kast gefabriceerd met de boeken die ik het liefste lees. Ik heb mijn favoriete mok nagemaakt, een mooie bank neergezet en een muziekinstallatie waarmee ik naar mijn favoriete muziek kan luisteren op het volume dat mij aanstaat.

Nu ben ik alleen in mijn huisje.
Soms heb ik het gevoel dat ik door heel veel ogen wordt begluurd, en dat vind ik maar niks. Dan ben ik extra waakzaam en bedenk ik nog een raadsel om de deuren te vergrendelen. Ik houd van raadsels.

Ik zou Lily ook graag willen uitnodigen, maar ik weet dat dat niet kan. Soms voel ik me een beetje een verrader, omdat zij me in vertrouwen blijft nemen, net als toen we elkaar vaker zagen.

Ik wacht op iemand.
Vandaag heb ik hier met Jacob afgesproken. Hij zei dat hij iets belangrijks te vertellen had. Nee, ik heb niets anders aangetrokken en mijn haar niet anders gedaan en geen make-up opgedaan, geen van die dingen die mensen soms doen om leuk gevonden te worden. Ik ben wie ik ben en daar moeten ze het maar mee doen.

Hij is er al, ik voel hoe iemand probeert de deur open te maken. Inmiddels merk ik dat soort dingen.

'Zwaan?'

Jacob is niet alleen.

'Wat is er gebeurd?'

'Sorry dat we zo komen binnenvallen, maar het is dringend. Ik weet dat ik gezegd heb dat ik alleen zou komen, maar de dingen zijn in een stroomversnelling geraakt en we moeten onze plannen versneld uitvoeren,' zegt Jacob zelfs zonder me te begroeten.

'Plannen? Welke plannen?'

Ze vragen me om te gaan zitten en aandachtig naar hen te luisteren. Alsof je ook op een andere manier kan luisteren, met die gezichten die ze trekken.

'Lieve Lia, we weten al ruim een maand dat je een deuropener bent; ik ben degene die dat ontdekt heeft.'

Zwaan is degene die praat, logisch.

'Ik had graag... nou ja, wij hadden graag gewild dat je vanaf het eerste moment van de Broederschap van de Sleutel wist. Maar wij waren al met zijn zessen en er kon niemand meer bij. Ik heb de hele tijd in de rats gezeten omdat een andere groep deuropeners contact met je zou kunnen zoeken en je je dan misschien bij hen had aangesloten. Helaas hebben we iemand verloren. Je raadde het al toen je laatst met Slang was. Andrew, onze lieve, zachtaardige Andrew. Hij was onze baas.'

Het wordt me even te veel en ik word gek van de buikpijn, daarom sta ik op en laat me op de bank vallen. Jacob fronst zijn wenkbrauwen. Vervloekte zenuwen.

'Je hebt laten zien dat je beter dan wie dan ook in staat bent om een geheim te bewaren. Je hebt nooit een van onze verstopplekken opengemaakt, ondanks het feit dat we ze zo hebben laten staan dat je ze kon zien. En je hebt niemand iets verteld over wat er de afgelopen weken is gebeurd, zelfs niet aan je beste vriendin, die maar bleef doorzeuren. En dat is moeilijk, Lia. Ik weet dat je veel om haar geeft. Bovendien heb je laten zien dat je moedig bent. Zelfs toen ze probeerden je huisje binnen te dringen, deinsde je niet terug. Je hebt ons respect en vertrouwen gewonnen, Lia.'

Jacob glimlacht trots.
'Wat is er met Andrew gebeurd? Waarom is hij er niet meer?'

Zwaan vertelt: 'Andrew is het gedachtehuisje van een machtig iemand binnengegaan en heeft daar heel belangrijke informatie gevonden. Terwijl hij daar was, liepen de zaken uit de hand. Er ontstond een heftige strijd. Andrew was alleen en wij wisten van niks, dus we konden hem niet helpen. Degene wiens hoofd Andrew was binnengegaan stierf in de echte wereld, en Andrew ontsnapte op het nippertje, hoewel we geen hoop meer hebben dat hij nog bijkomt uit de toestand waarin hij nu verkeert. Maar alle herinneringen en geheimen van degene die overleden is, zitten nu in het gedachtehuisje van Andrew, en hij kan ze niet verdedigen, en wij kunnen er niet binnengaan als we niet compleet zijn. Begrijp je wat dat betekent, Lia?'

Ik begrijp het, natuurlijk begrijp ik het. Ik begrijp dat dit geen spel is, ik begrijp dat er mensen zijn die doodgaan, ik begrijp dat Andrew in gevaar is en ik begrijp dat ze me iets gaan vragen wat mijn leven voor altijd zal veranderen.

'Je voorbereiding is nog niet afgerond, maar de gebeurtenissen zijn in een stroomversnelling geraakt. De quantums willen alles terughalen wat Andrew heeft meegenomen en we zijn erachter gekomen dat ze dat morgenavond gaan proberen. Dat kunnen we niet toestaan, Lia.'

Ik kijk naar hen, eerst naar Zwaan en dan naar Jacob.
Ja hoor, ze gaan me vragen om de eindtest te doen terwijl ik daar nog niet klaar voor ben. Is dat mogelijk?

Deze ene keer houd ik mijn mond en denk ik alleen maar.
Zwaan gaat verder.

'Lia, we zijn gekomen om je te vragen vanavond de zes eindproeven te doen waarmee je lid van de broederschap kunt worden. Je bent heel sterk, Lia, je bent de krachtigste deuropener die ik ooit heb gezien. En hoewel we je graag beter hadden willen voorbereiden, ben ik ervan overtuigd dat je met vlag en wimpel zult slagen.'

'...'

'Kunnen we op je rekenen, Lia?'

Mijn hoofd werkt op volle kracht om te verwerken wat Zwaan me net heeft verteld. Jacob bekijkt me aandachtig. Het lijkt wel alsof ze allebei hun adem inhouden in afwachting van mijn antwoord.

'Kom op, Zwaan, we kunnen Lia toch niet in gevaar brengen. Dit is gekheid.'

Dat was Jacob. Er klonk iets smekends in zijn stem, angst, bezorgdheid om mij. En er was nog iets wat ik niet durf uit te spreken.

Mijn hoofd schakelt naar een nog hogere versnelling.
Dat het gevaarlijk is, is wel duidelijk, maar het gevaar loert echt overal. Ik moet me ergens voor inzetten, voor het eerst van mijn leven is me duidelijk waarvoor ik op de wereld ben. Ik ben op de wereld om dit te doen, om de belangrijkste beslissing van mijn leven te nemen.

'Jullie kunnen op me rekenen, maar alleen als jullie me vertrouwen. Wie ben je, Zwaan?'

En Zwaan komt dichterbij, kijkt me diep in mijn ogen en ik ben sprakeloos.

ZONDER MASKER

Ik zit in mijn kamer en denk terug aan wat er gebeurde toen ik ontdekte wie Zwaan is.

Lily, mijn beste vriendin Lily is Zwaan. We hebben elkaar stevig omhelsd en ze heeft me haar excuses aangeboden omdat ze zo vervelend was, maar ze moest er zeker van zijn dat ik uit het juiste hout gesneden was om deel uit te maken van de Broederschap van de Sleutel.

De eindproeven die ik moet uitvoeren zijn geheim. Het zijn er zes, een voor elk lid van de broederschap, inclusief mezelf.

'Het zal niet gemakkelijk zijn, maar je haalt het wel, Lia, je haalt het, we hebben het volste vertrouwen in je,' zei Lily.

'En als ik het niet haal?'

'Dan lukt het je niet om eruit te komen.'

Deze keer was het Jacob die antwoord gaf. Hij balde zijn vuisten en keek me strak aan; zijn blik sneed door me heen.

Zal mij hetzelfde overkomen als Andrew? Moet ik me zorgen maken?

Daarna lieten ze me alleen. Lily pakte mijn handen en gaf me een broche en een bericht dat ik pas kan ontcijferen als de zon ondergaat. Die lieve Lily! Dan pas zal ze me vertellen waar en wanneer de ceremonie van 'alles of niets' plaatsvindt. Dat heb ik niet zelf verzonnen; zo noemen ze het.

Ik loop te ijsberen in mijn kamer. Ik ben echt nerveus.
Ik hoop dat ik de proeven haal. Als dat lukt, zijn we morgen met zijn zessen, dan zijn we sterk en gaan we samen het huisje van Andrew verdedigen. Niemand kan het winnen van de Broederschap van de Sleutel zolang we zij aan zij staan.

Plotseling is het alsof ik mijn plek op de wereld heb gevonden. Ik heb het gevoel dat ik niet meer zou kunnen leven zonder Lily, zonder Mindy, zonder Ben... en zonder Jacob. En als ik het niet red zullen we elkaar nooit meer zien.

Ik heb weer buikpijn van angst.
Oké, Betty zou ik ook missen. Niet heel erg, maar toch.

Ik heb een fotoboek in mijn handen dat ik nooit eerder heb gezien. Mijn oom heeft het voor me neergelegd zonder iets te zeggen. Zo is hij.

Ik heb mijn mobieltje zo ingesteld dat ik een seintje krijg als de zon, volgens de website van de meteorologische dienst, om 16 minuten en 35 seconden over 8 ondergaat.
Het alarm gaat af! Ik ga aan de slag.

Gebruik alle hulpmiddelen op het plaatje om het bericht te ontcijferen

IK HEB BETTY'S DEUR OPEN GEKREGEN!

Klik. Dat ging heel moeizaam.
Eerlijk gezegd kost het me meestal niet veel moeite om deuren te openen. Mensen sluiten ze vaak niet erg goed af. Maar die van Valk was lastig, en die van Betty nog lastiger. Steeds als ik dacht dat ik iets zag, raakte ik het spoor weer kwijt.

De duisternis verdwijnt en het huis komt tevoorschijn.
Het is een soort betonnen doos, een design-huis volgens de laatste mode, midden in zo'n buitenwijk die je wel in Amerikaanse films ziet. Ik vind het niks. Het heeft iets kils. Oké, Betty is een beetje truttig, maar het verbaast me toch: ik had me eerder roze geblokte gordijntjes en dat soort dingen voorgesteld. Iets landelijker, als je begrijpt wat ik bedoel.

Van buiten is het huis nu helemaal zichtbaar. We gaan naar binnen.
Zwaan glimlacht en vraagt me om door te lopen. Slang kijkt in het niets, alsof ze twijfels heeft.

We gaan naar binnen en het eerste wat me opvalt, is de sfeer die er hangt. Betty kennende had het me niet verbaasd als ze naar buiten was gekomen op hoge hakken, met een schortje voor en met zo'n nepglimlach die je in tv-series ziet. Maar nee, er hangt veel triestheid in dit huis. Ja, triestheid, dat is het juiste woord. Ik vraag me af wat er met Betty aan de hand is. Dat ik haar niet mag is één ding, maar dat betekent nog niet dat ik wil dat haar nare dingen overkomen. Echt niet.

Ik bedek mijn neus met mijn hand.
Gadverdamme! Hier is de geur van dat damesparfum van Betty nog sterker. In het echte leven is het al verschrikkelijk, maar hier kan ik er niet aan ontkomen. Walgelijk. Ik wil bijna mijn neus dichtknijpen maar dan stik ik. Als ik een zakdoek had, zou ik die als mondmasker gebruiken.

Achterin is een muur waar vroeger waarschijnlijk schilderijen aan hingen.
Het is alsof er vlak voordat we kwamen nog even snel is opgeruimd. Op het dressoir staan zes theekopjes met bijbehorende schoteltjes en een foto van Betty die haar verjaardag viert. Ik herken een aantal jongens op de foto. Eén van hen is Andrew, de jongen die nu in coma ligt. Ik wist niet dat ze vrienden waren. Hij zat in een andere klas, hoewel dat natuurlijk helemaal niks zegt.

Er staat ook een kluis op het dressoir.
Het is een kluis die lijkt op zo'n gekleurd jaren 50-koelkastje (kauwgumroze, inderdaad). Hij kan met een sleutel worden afgesloten. Ik weet zeker dat ze daar haar geheimen bewaart. Hoewel ik er nooit naar zou kijken, moet ik toegeven dat de geheimen van een ander altijd een grote aantrekkingskracht op me hebben. Ik strijk met mijn hand over de bovenkant alsof ik het stof eraf veeg, en onmiddellijk staat Slang naast me.

'Ben je van plan om op zoek te gaan naar de uitgang of moeten we nog langer wachten?'

Het is pas de eerste keer dat ik haar stem hoor en ik word er nu al gek van.

Ik heb nog vijftig minuten, dus dat zit wel goed. Waarom dan zo'n haast?

Maar Slang heeft gelijk, ik krijg het benauwd in dit huis.
De treurigheid die ervanaf straalt, benauwt me, alsof ik elk moment bedolven kan worden onder iets zwaars en in elkaar moet duiken. Oftewel, ik voel me onzeker. Ik kon even niet op het woord komen.

Plotseling realiseer ik me iets wat ik nog niet eerder had gezien. Er is maar één deur in de hele kamer, en dat is de deur waardoor we zijn binnengekomen! Waar moet ik in vredesnaam weer naar buiten? Ik kijk naar Zwaan.

'Zoals ik al zei, is niets hier wat het lijkt. Let goed op, Lia. Er is echt nog een andere deur.'

Ik kijk naar de muur en ik zie een paar lijnen lopen. Die twee dingen moet ik dus met elkaar combineren om de oplossing te vinden.

Het raadsel gaat verder →

Combineer de streepjes van deze pagina met die van de vorige pagina.

IK HEB HET BERICHT ONTCIJFERD MET BEHULP VAN DE OORBELLEN!

Tijdens de wiskundeles raak ik even het briefje in mijn zak aan.

HUIS VAN MINDY
VOOR
ZEVEN UUR EEN.

En wie is Mindy dan wel? Mindy is een hoogbegaafd meisje dat bij mij in de klas zit, al is ze pas negen. Ze zegt weinig of niets, en heeft altijd haar grote broer bij zich om op haar te passen. Het valt vast niet mee om hoogbegaafd te zijn. Ik heb geen idee, ik ben het in elk geval niet.

Vandaag moet ik in haar hoofd zijn en ik weet niet hoe ik dat moet aanpakken. Het ergste is dat ik nog nooit een woord met haar gewisseld heb. Er komt ook niks bij me op.

Na wat ik tot nu toe heb meegemaakt, met het huis van Betty en dat van Jacob, is het geen wonder dat ik me zorgen maak. Maar ik weet het al! Straks in de pauze grijp ik mijn kans om met een of ander smoesje bij haar in de buurt te komen; waarschijnlijk zien we elkaar daarna niet meer.

Maar Mindy is niet het grootste probleem, dat is haar broer...!

Eindelijk is het pauze.

'Lia!'

Lily volgt me overal. Ze is heel hardnekkig sinds ik meer tijd met Jacob doorbreng. Ze zal toch niet een beetje jaloers zijn? Ze is mijn beste vriendin, maar we hoeven toch niet al onze pauzes samen door te brengen. Integendeel, we gaan vaak ieder onze eigen weg. Dus probeer ik haar af te schudden. Je zou het nu misschien niet zeggen, maar ik geef echt om Lily.

Ze loopt een beetje verdrietig weg.
Nee! Niet naar Betty, Lily... Niet naar Betty! Ze is ervandoor met onze tuthola. En na wat ik in haar hoofd heb gezien, bevalt dat me niks. Ik moet niet vergeten Lily te waarschuwen dat er iets is met Betty. Ik ben ervan overtuigd dat ze een of ander duister geheim met zich meedraagt.

Ik speur het schoolplein af op zoek naar Mindy.
Daar is ze, ze zit onder de appelboom met zand te spelen. Ze heeft de intelligentie van iemand die ouder is, maar ze is nog altijd een meisje van negen.

Mooi! Haar broer is nergens te vinden. Fantastisch. Ik geloof dat dit de eerste keer is dat ik haar alleen zie. Zonder haar broer, bedoel ik.

Ik begroet Mindy, die me zwijgend aankijkt. Dit is geen slechte plek om haar hoofd binnen te gaan. Het is ver genoeg. Alleen als haar broer eerder terugkomt en ons allebei in trance vindt, dan heb ik zeker een probleem.

Als ik haar hand pak, zegt ze fluisterend:

'Dit is geen goede plek, Lia.'

Ik sta perplex. Ik heb haar vast verkeerd begrepen.

'Geen goede plek waarvoor, Mindy?'

'Om mijn hoofd binnen te gaan.'

Wat? Mindy is een van hen. Allemachtig, straks zit ik op een school waar iedereen deuropener is!

Mindy staat op.
'Volg me.'

Ze brengt me naar een plek achter de installatieruimte van onze school, daar waar het bos begint en ze ons beslist niet naartoe laten gaan. Ze denken dat we kleine kinderen zijn. Daar is Jacob met Ben, de broer van Mindy; ze staan te praten. Ben bloost en zegt: 'Hallo, Lia.'

Waarom heb ik dat niet eerder gezien? Ben is Valk. Ik zie het aan zijn lengte en omdat hij bloost. Hij schaamt zich omdat ik in zijn hoofd ben geweest, daar ben ik zeker van. En als Ben Valk is, betekent dat dat Eekhoorn Mindy is. Alles klopt nu.

Ik moet even orde scheppen in wat ik net heb ontdekt.

Punt 1: Cheeta is Jacob en ik ben in zijn gedachtehuisje geweest.

Punt 2: Ben is Valk, en ik ben ook in zijn huisje geweest.

Punt 3: Mindy is Eekhoorn, en ik ga straks haar huisje binnen.

Punt 4: Ik ben ook in het huisje van Betty geweest, dus hoort zij ook bij de broederschap.

Dan blijven alleen Zwaan en... Slang nog over. Maar natuurlijk! Er was een slang die me bijna vermoordde in het gedachtehuisje van Betty. Wat ben ik toch stom geweest. Maar wat is Betty's rol?

Jacob kijkt me bezorgd aan, alsof hij mijn gedachten kan lezen.

'Rustig maar, Lia. Straks kunnen we praten. Ga nu eerst maar het huisje van Mindy binnen.'

'Jullie zijn allemaal van de broederschap!'

'Lia, rustig. Haal even diep adem.'

Mindy neemt me mee naar een rustige plek.

'Hier kun je mijn hoofd binnengaan,' zegt Mindy terwijl ze mijn handen vasthoudt.

Zoefff. Ik verplaats me in de gedachten van Mindy.

Ze is bij me. Haar deur is klein, net als zij. En mooi, ook net als zij. Ik dacht dat ze de deur wel voor me zouden opendoen nu ik weet wie ze zijn, maar dat zit er blijkbaar niet in. Mindy glimlacht en slaat haar armen over elkaar. Eens kijken of ik in staat ben om de deur open te maken van iemand die hoogbegaafd is.

Haar deurtje is groen en lijkt heel breekbaar, hoewel mijn instinct me zegt dat ik Mindy niet moet onderschatten. Precies op dat moment verschijnen er allemaal dieren op de deur.

'Ik ben veel taaier dan je denkt,' zegt ze lachend.

Niet alle dieren eten hetzelfde. In elke sleutel zie je een bepaald soort eten. Deel de dieren die hetzelfde eten bij de juiste groep in en tel hoeveel er in elke groep zitter

IK HEB HET BERICHT VAN BETTY ONTCIJFERD!

Ik lig in bed, maar niet in mijn pyjama. Het is half een geweest.

VANDAAG ZESENZEVENTIG
MINUTEN NA
MIDDERNACHT
WAAR ALLES BEGON.

Dit is het bericht dat ik te zien kreeg. Dat wil zeggen dat ik naar de fabriek in de Oudestraat moet. Dan moet ik nu weg als ik op tijd wil komen. Ik moet mijn skateboard pakken en weggaan zonder geluid te maken. Als mijn oom wakker wordt, vermoordt hij me. En terecht. Maar ik kan niet anders. Ik kan en wil nu niet opgeven, zeker niet met Betty in de buurt. Bovendien wil ik niet dat iemand de leden van de broederschap iets aandoet door mijn schuld.

Ik skateboard door de straten.
Het is heerlijk om op dit tijdstip op mijn skateboard te rijden. Er is niemand op straat. Ik heb vandaag ontdekt dat alle leden van de broederschap bij mij op school zitten. Alleen van Zwaan weet ik het nog niet. Ik zie twee mogelijkheden.

Eén: Op alle middelbare scholen wemelt het van de deuropeners.
Twee: Alle deuropeners zitten bij mij op school.

Kun je je dat voorstellen, dat ik op een school voor deuropeners zit? Mijn oom zou een hartaanval krijgen als hij het wist. Je moest eens weten wat hij betaalt om me naar die school te kunnen laten gaan!

Ik ben een beetje nerveus omdat ik straks alleen ben met Betty.

Daar, in de deuropening van de fabriek staat Betty. Ze lijkt wel een geest, in het pikkedonker met haar masker verlicht door het schermpje van haar mobiel. Over geen aandacht trekken gesproken...

'Hallo, Lia.'

'Hallo, Sla... Hallo, Betty.'

Ze slaakt weer zo'n zucht waar ik bloednerveus van word.

'Ik vind dit net zo vervelend als jij. Maak je geen zorgen, we hoeven geen vrienden te zijn. Het enige wat telt, is dat ik de beste ben in het beveiligen van gedachtehuisjes. Daarom is het mijn taak om je te leren hoe dat moet.'

We gaan de fabriek binnen.

Betty de beste? Waarom niet, ze weet toch altijd alles beter? O, ik hoop maar dat ik dat niet hardop heb gezegd... maar Betty kijkt me aan met zo'n blik van 'als ik zou kunnen gaf ik je een dreun, maar ik doe het niet omdat het niet hoort.'

Ze blijft maar praten, alsof ik privéles krijg. Ik zet alles even op een rijtje:

Punt 1: Het belangrijkste is dat ik de DEUREN VAN MIJN GEDACHTEHUISJE MOET BESCHERMEN.

Punt 2: In de gedachtewereld is niets onmogelijk voor mensen die meer krachten hebben, dus de gangbare sloten, zoals een kettingslot, helpen niet.

Punt 3: Gedachtesloten moeten raadsels, labyrinten zijn...

Punt 4: Hoe ingewikkelder ze zijn, hoe langer het duurt voordat ze opengaan, en zoals we al weten is het belangrijkste in de gedachtewereld tijd. Meer dan een uur in iemands hoofd en... pats, einde verhaal.

Punt 5: Ik moet mijn sloten versterken, want de sloten die ik nu heb, zijn onbewust ontstaan en daar heb je nauwelijks iets aan.

En hoe weet zij nou wat voor sloten ik heb? Dat weet ik zelf niet eens, want ik ben nog nooit in mijn eigen hoofd geweest.

'Ben je zonder toestemming in mijn hoofd geweest?'

'Natuurlijk. Dat moest er nog eens bij komen dat dat niet zou mogen! Maar ik was er niet omdat ik jou of je gedachtehuisje zo interessant vind, maar omdat onze veiligheid, die van mij en de andere leden van de broederschap, ervan afhangt of jij je deuren goed sluit. Wie denk je dat er vannacht voor heeft gezorgd dat de gedachtehuisjes van de leden van de broederschap niet zijn aangevallen? Denk je echt dat jij dat alleen gedaan hebt?'

Dat was gemeen, maar ze heeft wel gelijk. Op dit moment ben ik een gevaar voor de broederschap.

'Oké Betty, vertel maar hoe ik mijn huisje beter kan beschermen.'

Ze kijkt me verbaasd aan en heel even vergeten we dat we elkaar niet kunnen uitstaan.

Ze gaat me leren mijn eigen huisje binnen te gaan! Hoe meer ze me vertelt, hoe enthousiaster ik word. Ik kan gewoon niet wachten.

Ik moet toegeven dat ik best zenuwachtig ben. Het lijkt me cool om te zien hoe mijn gedachtehuisje eruitziet, maar ik ben bang dat ik het niks zal vinden. Wat als mijn huisje somber is en net zo akelig als dat van Betty? Ik ben niet echt een 'schattig' meisje, dat heb ik altijd wel geweten.

'Om je eigen huisje binnen te kunnen gaan, moet je je handpalmen tegen elkaar houden... Zo, voor je borst, en dan vorm je met je armen een cirkel alsof je iemand omhelst.'

Ik ben klaar om te beginnen, maar ik blijf stokstijf staan.

Ze raakt me aan. Betty is achter me gaan staan om me te helpen en ze raakt me aan. Ik kan er niks aan doen, ik krijg de rillingen als ze me aanraakt. Bovendien heb ik haar niet gevraagd om samen met mij mijn huisje binnen te gaan. En al helemaal niet de eerste keer. Ik had het beleefder gevonden als ze me alleen had laten gaan.

'Lia, als je wilt dat ik je leer om je deuren goed te sluiten, zal ik in je huisje moeten zijn, dat snap je toch wel? We hebben niet veel tijd, dus laten we onze problemen even vergeten, oké?'

Ze heeft gelijk. Betty heeft gelijk. Maar er is iets waar ik de zenuwen van krijg en dat wil ik oplossen voordat we naar binnen gaan.

'Mag ik misschien weten waarom je zo'n hekel aan me hebt? Voor zover ik weet, heb ik je nooit iets misdaan. Ik mag je niet, maar daarom heb ik je nog niet zo slecht behandeld als jij mij.'

Eerst lijkt het alsof ze geen antwoord wil geven. Maar dan zucht ze, zoals gewoonlijk, en begint ze te praten.

'Lia, ik weet dat ze je hebben uitgelegd hoe onze broederschap werkt. Dat we een cirkel vormen en dat we met zijn zessen moeten zijn om onze krachten te kunnen gebruiken. Heb je je niet afgevraagd waarom we nu pas naar je op zoek zijn gegaan en niet eerder...? Precies, omdat iemand die beter was dan jij er niet meer is, en jij nu zijn plaats inneemt. In het belang van de broederschap kan ik daar wel mee leven, maar vraag me niet om je geweldig te vinden of om te vergeten dat je slechts een vervanger bent. Dus ga maar weer klaarstaan. Handpalmen tegen elkaar voor je borst, een cirkel maken, en als je er klaar voor bent, druk je je handen tegen elkaar alsof je de lucht ertussenuit wilt persen, alsof je de lucht wilt omarmen. Dat is het, kom op...'

Nu begrijp ik het. Ik weet niet hoe, maar nu begrijp ik het helemaal. Andrew. Hij stond op de foto in Betty's gedachtehuisje. En er was een wazige deur, een deur die hoort bij deuropeners die volgens Jacob verloren zijn gegaan, vlak naast die van Betty.

'Andrew? Het spijt me, Betty. Jullie waren heel goede vrienden, toch?'

'Houd nu eindelijk eens je mond, Lia, en ga aan de slag. De eerste keer dat je je eigen huis binnengaat, moet je een dubbel raadsel oplossen. Het eerste is je onbewuste hindernis, en als je die overwint, kom je in het voorportaal.

Het tweede is het slot op je deur. Begin maar! En vergeet niet, als je de deur vindt, vind je ook de sleutel.'

Ik concentreer me uit alle macht. In eerste instantie krijg ik geen beweging in mijn handen, maar... dan raken mijn handen bijna mijn borst... en...

Zoefff.

Bekijk de tekening van opzij. In de ramen staat een getal verborgen.

IK BEN IN HET VOORPORTAAL VAN ZWAAN!

Waar het pikdonker is totdat Jacob als een soort geest verschijnt.

In het voorportaal van Zwaan is niets. Alleen duisternis. Het is er nog donkerder dan wanneer je voor de deur van een van de anderen staat. De deur van Zwaan is nergens te bekennen. Zoveel duisternis is angstaanjagend.

'Opletten!'

Er verschijnt een vuurbal in Jacobs hand. Ja, een vuurbal. En nee, hij brandt zich niet. Ik zie dat Jacob naar me kijkt. Hij probeert niet te lachen en ik stel me voor wat voor gezicht ik trek. Ik word zenuwachtig als hij zo dicht in de buurt is.

'Dat wil ik ook leren!'

'Daar hebben we nu geen tijd voor, Lia. Het is niet goed om zo lang in het voorportaal te blijven. Hier hebben we geen bescherming. Als er nu iemand komt, kunnen we niets anders doen dan de strijd aangaan. Niemand durft in het huis van Zwaan te komen, maar het kan zijn dat iemand hier de boel in de gaten houdt.'

'Maar wie zou hier moeten komen dan? Een van die quantumtypes?'

Hij geeft geen antwoord. En om niet helemaal gek te worden, maak ik maar weer een lijstje:

Eén: De donkere ruimte voor de ingang heet 'het voorportaal'. Oké...

Twee: In het voorportaal kunnen spionnen rondhangen. Klinkt griezelig.

Drie: Jacob kan vuurballen maken en de ruimte beheersen. Wow!

We lopen verder in het donker.
Ik probeer voorbij de lichtstreep achter de vuurbal van Jacob te kijken, maar er is niks te zien. Ik vind het geen fijn idee dat iemand ons misschien wel in de gaten houdt. Jacob pakt mijn hand en we gaan harder lopen. Zijn hand is groot, sterk en helemaal niet klam.

We beginnen te rennen.
We komen bij de deur van het gedachtehuisje van Zwaan. Wat is dat? Ik hoor iets achter ons en Jacob knijpt in mijn hand.

'Vlug, Lia, ga naar binnen. Ik blijf op de uitkijk staan.'

Er is iets aan de hand, maar ik weet niet wat. Jacob is erg nerveus.

'Even serieus, Jacob. Is het niet beter dat jij de deur openmaakt, als het zo gevaarlijk is om hier te zijn? Is het echt nodig dat je me op de proef blijft stellen?'

'Ik ken de combinatie ook niet, Lia. Zwaan verandert hem elke dag. We hadden er niet op gerekend dat zij je zo snel zouden vinden. Doe vlug de deur open. Jij bent een betere deuropener dan ik.'

Dat ze er niet van uitgingen dat ik zo snel ontdekt zou worden maakt me heel onrustig, maar ik houd me vast aan het feit dat ik een betere deuropener ben dan hij. Dat bevalt me wel.

Het geluid wordt sterker. Ik hoor haastige voetstappen. Het zijn er meerdere, dat is een ding dat zeker is.
Ik kijk naar de deur om hem open te kunnen maken. Er staan allemaal tekeningen op. Wat moet ik doen?

'Snel, Lia, maak die vervloekte deur open.'

Volg de plaatjes die een vergelijkbare emotie laten zien.

IK BEN UIT HET LABYRINT GEKOMEN EN STA OPNIEUW VOOR DE DEUR VAN JACOB!

Ik ren verder en sla af bij de laatste splitsing.
Het viel niet mee om de deur terug te vinden en al helemaal niet omdat Jacob steeds weer begon te lachen als ik een verkeerde weg nam. Maar uiteindelijk is het me gelukt en ik ga naar binnen om zo snel mogelijk de uitgang te vinden.

Ik weet niet wat ik zie.
Ik wil het niet laten merken om hem een beetje te pesten. Maar... het lijkt wel een droom. Het huis van Jacob is indrukwekkend. Sorry, ik kan er geen ander woord voor vinden. De muren zijn grijs, in allerlei tinten. De stenen zijn zo gerangschikt dat ze tekeningen vormen die je pas ziet als je heel goed kijkt. Er staat een grote getekende cheeta op de muur. Ik voel me veilig in zijn huis. Ik voel dat Jacob naar me kijkt.

Ik draai me om en wil een grapje maken om het ijs te breken, maar als ik zijn gezicht zie, houd ik mijn mond.
'Lia, we hebben te veel tijd verspild in het labyrint. Het is mijn schuld, het spijt me. Kom mee.'

Ik volg hem.
We rennen door een lange gang vol schilderijen. Ik denk dat het schilderijen van familieleden van Jacob zijn. Aan het eind van de gang is een trap naar beneden. Jacob blijft staan en draait zich om. Hij kijkt heel ernstig. Wat is er aan de hand?

'Ik ga je een van de grote geheimen van de deuropeners laten zien.

Nu zul je begrijpen waarom we onze identiteit geheim houden en welk risico ik loop door jou te laten zien wie ik ben.'

Van zulke ernstige woorden word ik een beetje zenuwachtig. Tot nu toe was het vooral spannend en leuk, maar ik weet niet of ik hier nog wel wil zijn. Verantwoordelijkheid, risico. Mijn leven verandert wel erg snel.

We gaan vlug naar beneden. Maar er lijkt geen einde aan die trap te komen. Uiteindelijk komen we bij een deur vol met symbolen en ingewikkelde raadsels. Jacob doet hem meteen open, maar op de drempel blijft hij staan.

'Ik wil je mijn hal met deuren laten zien. Elk gedachtehuisje heeft zo'n ruimte.'

We gaan naar binnen. Ik kijk, ik kijk nog een keer en ik blijf kijken.

Het is een enorme ruimte. Er zijn overal deuren, maar die houden zich aan geen enkele regel voor stijl of goede smaak. Zelfs ik kan dat zien en ik ben een ramp als het om dat soort dingen gaat. Er zijn hoge deuren, groene deuren, ijzeren deuren, houten deuren, glazen deuren... Er lijkt geen enkele logica in te zitten.

'Wat zijn dat allemaal voor deuren, Jacob?'

Ik heb besloten dat ik hem geen Cheeta meer ga noemen nu ik weet wie hij is.

'We zijn in de hal met de deuren.'

Logisch.

'Die geeft toegang tot alle mensen die ik ken. Zoals ik al zei hebben we allemaal een hal met deuren in ons gedachtehuisje. Door die deuren komen we bij de mensen van wie we houden, bij onze vrienden. Maar ook bij onze vijanden. Het zijn de deuren naar alle mensen die we hebben leren kennen in ons leven, de goede en de slechte.'

Ik herken er een paar, het is vreemd om te zien.
Nu Jacob het zegt, herken ik de deur van Valk, wit en indrukwekkend. Ik zie ook de kauwgumroze deur van Betty. Sommige deuren zijn vaag, half uitgewist; ze zijn er, maar ze zijn er ook weer niet. Ze geven me een naar gevoel.

'Wat is er met die deuren, Jacob?'

Er trekt even een schaduw over zijn gezicht en zijn stem trilt als hij zegt:

'Dat zijn de deuren van degenen die we hebben verloren. Deuropeners die niet op tijd konden wegkomen en die voor altijd zijn verdwenen.'

Ik zou hem een kus willen geven om hem te troosten, maar ik verstijf. De deur naast die van Betty is er zo een. Die deur straalt dezelfde triestheid uit als haar huis. Voor de zekerheid vraag ik maar niks meer.

'In deze zaal vind je de deuren naar de gedachtehuisjes van alle mensen die ik ken. Daarom mag niemand ooit toegang krijgen tot jouw hal met deuren. Dat zou heel gevaarlijk zijn, want ze zouden je kunnen gebruiken om mijn gedachtehuisje binnen te komen, snap je?'

Ik begrijp dat Jacob heel veel vertrouwen in me heeft getoond. Nu ik weet wie hij is, kan elke deuropener mij gebruiken om bij hem te komen.

Het voelt vreemd: Jacob en ik die samen geheimen delen, alsof het de gewoonste zaak van de wereld is.
'Je zult steeds meer te weten komen over de hal met de deuren, maak je geen zorgen. Voor nu is het genoeg om te weten dat ze ook een emotionele volgorde hebben. De deuren die het dichtst bij de mijne staan, zijn van de mensen aan wie ik het meest denk. Maar dat kan altijd veranderen, net als in het echte leven.'

Ik zou wel eens willen weten van wie die rode deur is die bijna tegen die van hem aangeplakt zit. Hij moet bijna dag en nacht aan die persoon denken.

'De mensen aan wie je het meeste denkt, zijn niet altijd de mensen van wie je het meeste houdt. Je kunt ook voortdurend aan iemand denken omdat hij je vijand is, omdat hij je dwingt steeds op je hoede te zijn en zolang je dat niet overwint, blijft zijn deur vlak bij de jouwe. Begrijp je een beetje wat ik bedoel?'

'Ja, ja, ik begrijp het. Ik heb alleen wat tijd nodig om het allemaal te verwerken.'

Jacob loopt naar een okergele deur, twee deuren bij die van hem vandaan. Het is een grappige maar elegante deur.

'Vandaag leer ik je via de hal met de deuren van hoofd naar hoofd te gaan. Als je in mijn gedachtehuisje bent en het lukt je om een van de deuren te openen, ontstaat er een weg die je naar het voorportaal brengt van degene van wie die deur is, snap je? Deze okergele deur is van Zwaan. Als het je lukt om die te openen, kom je in het voorportaal, daarna moet je nog een deur openen om in haar huisje te komen. Ben je er klaar voor?'

Voorportaal, heet dat echt zo? De verbazing staat blijkbaar op mijn gezicht te lezen.

Jacob lacht. Hij heeft een leuke lach.

Volgens mij kan hij de deur wel openen, maar ik zie in zijn ogen dat ik nog steeds wordt getest. Hij vertrouwt me wel, maar hij wil weten hoe goed ik ben. Dat lijkt me terecht. Ben ik er klaar voor? Natuurlijk ben ik er klaar voor.

Maak de puzzel door de kleuren van de stukjes bij elkaar te zoeken.

IK HEB DE ZES PROEVEN DOORSTAAN!

Als het me lukt om de rode deur te openen, begint alles om me heen te draaien. Ik weet niet of ik het zelf ben of dat de hele wereld draait. De kleuren zijn helderder, de geuren sterker, en de tijd staat stil.

Ik ben doodmoe, maar er borrelt een nieuwe kracht in me naar boven.

Zwaan kijkt aangedaan. Jacob heeft het vast heel zwaar gehad, want zijn gezicht is zo wit als de deur van Valk; hij en Eekhoorn lachen breeduit naar me. En Slang... Slang... Ik heb nog nooit zo'n dankbare blik gezien.

Het licht van de maan valt in een bundel door een van de glazen schoorstenen rondom mijn huis. En alsof het om één enkele straal licht gaat, zie ik langzaam een voorwerp naar beneden komen. Het is een pantermasker, en ik moet huilen.

Om al die jaren van eenzaamheid.

Om de mensen die alles hebben gegeven om het recht op privacy en vrijheid te verdedigen.

Want vanavond, voordat ik naar de eindproeven ging, heb ik het fotoalbum opengeslagen dat mijn oom op tafel had laten liggen. Er zat een foto in van mijn moeder. Om haar hals droeg ze een medaillon, om haar vinger een ring, om haar pols een armband, in haar oren een paar oorbellen en op haar borst een broche. Dezelfde die ik nu om mijn hals, om mijn vinger, om mijn pols, in mijn oren en op mijn borst draag.

Mijn naam is Lia. Ik ben deuropener en bewaker van geheimen. Ik heb de krachten van de panter, en morgen zal ik samen met de anderen ten strijde trekken. Het echte werk kan beginnen!

IK BEN UIT HET LABYRINT VAN DE FABRIEK GEKOMEN!

Dat geloof ik tenminste. Er komt in elk geval licht binnen en ik kan weer wat zien. Bah, wat smerig. Het hangt hier helemaal vol met spinnenwebben!

Ik loop verder.

Nu ik erover nadenk, had ik misschien aan iemand moeten vertellen waar ik naartoe ging, of had ik ergens een briefje moeten achterlaten voor Lily, voor het geval ik ontvoerd zou worden of iets dergelijks. Het is niet zo dat ik een schijterd ben, maar na wat er met Andrew is gebeurd...

Andrew is een jongen van mijn school. Een paar dagen geleden verdween hij plotseling en toen hij twee dagen later werd teruggevonden liep hij verdwaasd midden op de weg. Hij praatte niet meer en draaide heel raar met zijn ogen. Sindsdien ligt hij in bed; hij kan niet meer opstaan. Ik heb het zelf niet gezien, maar juffrouw O'Donell vertelde het ons tijdens de les. De tranen sprongen haar in de ogen.

Ik kom weer bij een uitgang. Gelukkig! Het is een soort binnenplaats met zo'n galerij met bogen langs de rand. Als ik omhoog kijk, kan ik de lucht zien.

Ik blijf staan en probeer me te verbergen. Er is iemand in het midden van de binnenplaats.

Er staan daar vijf mafkezen. Mafkezen, ja. Dat zeg ik omdat ze zwarte pakken en dierenmaskers dragen. Hiervandaan zie ik een masker van een zwaan, een valk, een cheeta, een eekhoorn en een slang. Die maskers zijn te gek!

Ze moeten min of meer van mijn leeftijd zijn. Ik bedoel, ik weet niet precies hoe oud ze zijn, maar het zijn geen volwassenen. Dat weet ik om allerlei redenen. Ik heb een goed oog voor dat soort dingen en die mafkezen zijn zeker niet veel ouder dan ik.

Ik ben een beetje bang. Ik zou eigenlijk weg moeten gaan, maar ik ga niet. Ik wil weten hoe ze achter mijn geheim zijn gekomen en of er nog meer mensen zijn die het weten.
Ze staan in een kring alsof ze een spelletje doen, maar ze bewegen zich niet. Degene die het zwanenmasker draagt, is aan het woord. Het lijkt een meisje te zijn. Het is allemaal een beetje vreemd. Misschien kan ik beter op mijn skateboard stappen en maken dat ik wegkom. Hoewel ik niet weet of ik de weg terug zou kunnen vinden.

Beng.
Oei, zouden ze hebben gehoord dat mijn skateboard tegen de muur botste?

'Wees niet bang, Lia. Kom maar dichterbij. Welkom bij de Broederschap van de Sleutel.'

Ja, ze hebben me gehoord en, ja, ze zeiden echt 'Broederschap van de Sleutel'.

DE BROEDERSCHAP VAN DE SLEUTEL

Er zit niet veel anders op dan naar ze toe te gaan.
Ze bekijken me allemaal aandachtig als ik dichterbij kom. Wat een zenuwen in mijn buik, maar ik wil niet dat ze zien dat ik bang ben. Zij kijken naar mij, maar ik ook naar hen. Ik probeer met opgeheven hoofd op ze af te stappen.

Het is overduidelijk dat Zwaan de touwtjes in handen heeft; Valk is erg indrukwekkend, hij torent boven iedereen uit; Slang kijkt afkeurend naar me, ik krijg er wat van; Eekhoorn is de enige die afgeleid lijkt, en Cheeta heeft iets, ik weet niet precies wat, waar ik nog nerveuzer van word. Niet dat ik er niet tegen kan, hoor. Het zijn prettige zenuwen. Het zijn drie meisjes en twee jongens.

Ik ga naar ze toe en nu staan we met zijn zessen in een kringetje.
Mijn hoofd werkt op volle toeren. Zouden zij ook deuropeners zijn, net als ik? En als ze nou eens in mijn gedachtehuisje zijn geweest en ik het me niet herinner? Dat zou ik erg vervelend vinden. Ik weet wel dat ik het zelf ook doe, maar ik kijk niet waar ik niks te zoeken heb.

'Niet schrikken, Lia. We weten wie je bent en wat je bent en we willen je alleen maar helpen.'

'O, nou dan is het goed; nu ben ik gerustgesteld. Helpen waarmee, als ik vragen mag?'

Oké, dat was niet het allerbeste antwoord, maar ik zou wel eens willen weten wat jij zou doen als je midden in een verlaten fabriek, zonder dat iemand ervan afwist, vijf gemaskerde types zou tegenkomen die je iets vertellen wat je al weet, maar toch ook weer niet.

'Wij zijn ook deuropeners, net als jij. Maar we zijn niet de enigen. Door onze krachten te bundelen zijn we sterker. We maken deel uit van een broederschap, de Broederschap van de Sleutel,' vertelt Zwaan.

Ik kijk naar haar. Misschien kan ik beter mijn mond houden, maar dat lukt me niet.

'Je hebt het over een broederschap. Wat is dat precies? Een sekte of zoiets?'

Ik ben normaal niet zo wantrouwig, echt niet, maar deze types, in deze kleren... Bovendien is het niet mijn gewoonte om mensen die zich achter een masker verschuilen te vertrouwen. Daar kan ik ook niets aan doen.

'Nee, nee, we zijn geen sekte of zoiets. We hebben gewoon dezelfde gave als jij. Er zijn nog meer deuropeners, niet veel, maar ze zijn er wel. Wij zouden graag willen dat je lid wordt van onze groep. Om volledig lid te worden moet je een leerperiode doorlopen en zes proeven doorstaan. Mocht je uiteindelijk besluiten niet toe te treden tot de broederschap, dan is er niets aan de hand, dan heb je gewoon heel veel geleerd.'

'En als ik me niet bij jullie wil aansluiten?'

'Dan gaan we je hoofd binnen en wissen we deze herinnering, zodat je nooit zult weten dat je ons hebt gekend,' antwoordt Zwaan.

Ik geloof dat ik gek word. Ze gaan mijn hoofd binnen en wissen mijn herinneringen?

Wie denkt ze wel niet dat ze is?

'En als ik daar geen zin in heb? Om mijn hoofd binnen te gaan, moeten jullie toch eerst dicht bij me zien te komen.'

Ondertussen pak ik mijn skateboard en houd ik het voor mijn lichaam, klaar om iedereen die te dichtbij komt van me af te slaan.

Ik merk dat de spanning toeneemt. Valk, met zijn enorme gestalte, lijkt nu zo mogelijk nog groter. Als hij me beetpakt, ben ik verloren. Maar Zwaan glimlacht en gebaart naar hem, en hij lijkt te ontspannen.

'Ik had niet minder van je verwacht, Lia. Maar je hebt niet veel keus. Maak een van je lijstjes en je zult het zien.'

Hoe weet ze van mijn lijstjes? Ze kent me, ze kent me vast en zeker.

'Je zei dat er meer deuropeners zijn. Hoe weet je dat?'

'Alles op zijn tijd, Lia. Vertel ons eerst maar of je lid wilt worden van de broederschap en alles van ons wilt leren.'

Ik zou het eigenlijk niet moeten doen, maar ik zeg toch 'ja', en wel om drie redenen:

Eén: Ik ben in de minderheid. Ik denk niet dat ze me laten ontsnappen, en ik wil niet dat ze welke herinnering dan ook van mij uitwissen.

Twee: Ik moet en zal erachter komen wat ze me kunnen leren.

Drie: Ik kan niet geloven dat er meer deuropeners zijn. Het kan niet waar zijn; ik ben er nooit eerder een tegengekomen.

'Het is al goed. Wat moet ik doen?'

'Je eerste opdracht vind je in het hoofd van Valk en je moet hem nu uitvoeren.'

Nu? Ze heeft me niet eens gevraagd of ik dat wel wil. Maar ik heb amper tijd om erover na te denken, want na een teken van Zwaan komt Valk naar me toe en pakt mijn handen.

Ik sta op het punt om hem een dreun te geven. Maar ik bedenk me. Wat moet dat moet.

Dus ik zet me eroverheen, knijp in zijn handen, kijk hem aan en concentreer me...

Zoefff. Ik verplaats me in zijn gedachten.

Zoals gewoonlijk wanneer ik iemands hoofd binnenga, is het eerste wat ik zie een in duisternis gehulde deur. Ik bedoel dat alles donker is en dat ik alleen een deur zie. Ze zijn allemaal anders. Als er een slot op zit, maak ik dat open, en op het moment dat ik dat doe en de deur klik zegt, verdwijnt de duisternis en wordt de buitenkant van het huis zichtbaar.

Het is heel bijzonder, echt waar, want je weet nooit waar mensen hun gedachtehuisje verstoppen: in een park, in een wolkenkrabber... Ik heb ooit een huisje gevonden midden in een meer, onder water. Het scheelde niet veel of ik was verdronken; ik moest er zwemmend weer uit.

Ook als de deur niet op slot zit, kun je hem niet zomaar opendoen en doorlopen. Pas als de buitenkant van het huis helemaal zichtbaar is, kun je verder naar binnen.

Ik ben sprakeloos.

De deur van Valk is wit, afgezien van een paar cijfers in felle kleuren. Het is vreemd, eerder zei ik dat vergrendelde deuren me angst aanjoegen, maar bij deze is dat niet zo.

Ik loop naar de deur en leg mijn hand ertegenaan.

Het is vreemd. Altijd als ik iemands hoofd binnenga, verandert mijn kleding in een zwarte legging met een shirt en een masker, oftewel de normale inbrekerskleding in een stripverhaal. Dat zal wel te maken hebben met dat deuren openen. Artsen dragen witte jassen, monteurs een blauwe overall, en ik... nou ja, dat dus, het traditionele inbrekerspak.

Als ik kon kiezen, zou ik voor iets vrolijkers gaan, maar ik heb nooit geweten hoe ik het moest veranderen.

Ik ga aan de slag.
Ik kijk naar de sloten en de kleuren.

Kijk naar de kleuren van de sloten en vind het cijfer in dezelfde kleur. Er is maar één cijfer per slot juist.

IK HEB DE KUBUS OPEN GEKREGEN!

Krak, krak, krak.

Het klinkt als een tandwiel.

'Ik ben een berichtenkubus.'

Boink.

Dat kan niet waar zijn! Een kubus die praat. Van schrik heb ik hem op de grond laten vallen. Maar hij is niet kapot, want hij praat verder.

'De Broederschap van de Sleutel heeft een bericht voor je achtergelaten: om geen hoofdpijn te krijgen moet je via de uitgang naar buiten en niet via de ingang.'

O, ja? Je gaat dus niet door dezelfde deur naar buiten als naar binnen? Dat was nooit bij me opgekomen; in echte huizen zit meestal maar één deur.

Ik kijk naar het gedachtehuisje van Valk, het enorme witte kasteel, en bedenk dat het wel heel moeilijk moet zijn om daarbinnen iets te vinden. Maar ik ga op zoek naar de uitgang, om drie redenen:

Eén: Zodat ze vergeten hoe erg ik schrok van die stomme berichtenkubus. Ik geloof dat er hier en daar wel iemand was die zijn lachen amper kon inhouden.

Twee: Omdat ik dan geen hoofdpijn krijg als ik weer naar buiten ga, en dat lijkt me geweldig.

Drie: Omdat ze me, als ik hem niet vind, misschien wel niet toelaten tot de broederschap, en ik moet toegeven dat mijn nieuwsgierigheid gewekt is.

Lid zijn van zo'n club lijkt me wel wat. Ik heb minder vrienden dan de meeste mensen.

Dat weet ik omdat ik niet gek ben, en omdat mijn oom soms zegt dat ik, als ik wil, best een vriendin mee naar huis mag nemen om te komen eten of om een film te kijken in het weekend. Ik weet dat hij zich zorgen maakt. Mijn oom kan niets verborgen houden. Hij is de liefste oom van de wereld.

Vrienden maken is niet zo gemakkelijk, toch? Ze merken het meteen als iets aan jou anders is en dan vragen ze ernaar. Dat is logisch, dat zou ik ook doen. En ik ga ze niet vertellen dat ik soms iemands hoofd binnenga... Ik heb liever dat ze denken dat ik niet zo sociaal ben.

Ik heb al verteld dat Lily nog het meest in de buurt komt van zoiets als een beste vriendin. Zij vraagt me soms wat er is, maar ik geef dan geen antwoord, en dat lijkt haar niet uit te maken. We gaan samen met de bus naar school en dat soort dingen. Als we de kans krijgen, zitten we naast elkaar in de klas of in de kantine. Niet altijd, maar wel vaak.

Ik weet niet of ik het ooit aan haar of iemand anders vertel. Ze zeggen dat geliefden elkaar alles vertellen, toch? Ik weet niet wat ik ervan moet denken. Ik denk dat ik nooit een vriendje zal hebben. Mijn oom is single en hij lijkt gelukkig.

Ik kijk naar het enorme kasteel van Valk en aarzel niet.

'Oké, dan. Waar wachten we nog op? Laten we het huis binnengaan en de andere deur vinden.'

Ik weet dat dat niet erg aardig klonk. Tja, soms ben ik niet zo aardig.

ZANDKORRELS

Valk gaat voor mij uit naar binnen en ik loop achter hem aan. Het kasteel is te gek. Te wit naar mijn smaak, maar te gek. Ook hier ruikt het naar vochtige aarde. Ik ben dol op die geur. De muren hebben geen hoeken. Ze zijn rond en worden naar boven toe steeds breder tot waar je het dak niet meer kunt zien. Ik hoor Slang snuiven achter mijn rug. Ik kan maar beter in actie komen, anders vliegt ze me nog naar mijn keel.

Ik kijk haar niet zo vriendelijk aan.

Dat kind werkt me op mijn zenuwen.

Valk gaat voorop, dan volg ik en vervolgens komen de anderen. We gaan een enorme ruimte binnen. Het lijkt er koud omdat alles wit is, maar het is precies het tegenovergestelde. Het lijkt wel of de zon op de wanden weerkaatst en ons verwarmt. Het is er gezellig en ik voel me er veilig. Achter de deur staat een witte schoenenkast, die nauwelijks te onderscheiden is tegen de witte muur. Ik weet zeker dat het zijn geheimenkast is.

Er staan alleen een tafel en zes stoelen. Oké, een tafel, zes stoelen en een enorme witte zandloper. Ik kijk naar Valk. Ik voel de blikken van Zwaan en Cheeta achter mijn rug. Ik heb er niets van gemerkt maar het lijkt erop dat ze Slang buiten op wacht hebben gezet.

Dat verontrust me. Het verontrust me dat er bij iedere stap die we zetten iemand op wacht moet staan. Waar zijn ze zo bang voor? We gaan toch niets verkeerds doen? Ik tenminste niet en ik zal ervoor zorgen dat de anderen dat ook niet zullen doen.

Ik probeer mezelf te kalmeren.
'Waarvoor dient die grote zandloper?'

Nu geeft Valk antwoord. Eindelijk praat er iemand anders dan Zwaan. Hij heeft een schelle stem voor zo'n groot lichaam. Als ik me had afgevraagd wat voor stem Valk zou hebben, had ik me iets heel anders voorgesteld. Hij heeft een stem die eerder bij een oude man past, een heel oude man, zoals de man die tegenover ons woont. En ik weet wel zeker dat Valk geen oude man is.

'In de gedachtewereld verstrijkt de tijd veel sneller dan in de echte wereld, Lia. Tien minuten in de gedachtewereld staat gelijk aan één minuut in de echte wereld. Snap je?'

Natuurlijk! Daarom is alles nog hetzelfde als ik terugkeer naar de echte wereld nadat ik in iemands hoofd ben geweest.

We gaan in een kringetje rond de zandloper zitten.
Volgens Valk mag ik nooit langer dan een uur in een gedachtehuisje blijven. Dat is heel belangrijk. Anders kan ik nooit meer terug naar de echte wereld en blijf ik achter tussen de herinneringen van degene in wiens hoofd ik ben.

Valk vertelt verder:

'In het gunstigste geval tenminste. Als je niet meer weg kunt uit het hoofd van een quantum...'

Quan... wat? Dat moet ik in het woordenboek opzoeken.
Zwaan geeft een teken dat hij zijn mond moet houden. Dat zag ik. Ik pik dat soort dingen altijd op. Ik wil vragen wat dat zijn en wat er zou kunnen gebeuren. Maar ik zie dat dit niet het juiste moment is, en ik heb daar een goede neus voor, dat zei ik al.

Ik zet het in gedachten op mijn lijstje.
Kort samengevat:

Eén: Tien minuten in iemands hoofd staat gelijk aan één minuut in de echte wereld.
Twee: Als ik langer dan een uur gedachtetijd in iemands hoofd blijf, verdwijn ik voor altijd tussen zijn of haar herinneringen.
Drie: Er zijn ook quantumtypes. Geen idee wie dat zijn, maar ze deugen niet.

Akelig, het is allemaal behoorlijk akelig. Waar ben ik in terechtgekomen? Ik stel me voor hoe mijn oom overal in de buurt foto's van mij ophangt met de tekst 'vermist'. Ik krijg het al koud als ik eraan denk.

'Oké, jongens, begrepen, de tijd vliegt. Kom op dan, laten we op zoek gaan naar de uitgang, toch? Ik heb geen zin om een van jouw herinneringen te worden, Valk. Daar bedoel ik verder niets mee.'

De verbaasde blik op het gezicht van Valk is onbetaalbaar. Hij spert zijn ogen zo ver open dat ze bijna uit zijn masker springen.

Ik ben opgegroeid in een buurt waar je juist een grote mond opzette als je bang was. We zijn pas een jaar geleden verhuisd en in deze, betere, buurt komen wonen. Mijn oom wilde dat ik naar dezelfde middelbare school zou gaan als waar hij en mijn ouders naartoe gingen. Daar zal hij wel zijn redenen voor hebben.

'Rustig aan, Lia. Als je ergens met Valk bent, heb je meer tijd.'

Nu ben ik degene die een verbaasd gezicht trekt. Maar hebben ze niet net het tegenovergestelde beweerd? Terwijl Zwaan dat zegt, kijkt Valk naar de zandloper die op tafel staat en meteen loopt het zand veel langzamer door. Hé, dat is te gek! Ze zijn een beetje freaky, maar toch mag ik hen wel!

'Ieder van ons heeft een speciale gave. Die van Valk is het veranderen van de gedachtetijd. Hij kan er niet alleen voor zorgen dat die veel langzamer gaat, maar ook dat hij sneller gaat. Niet veel hoor, een beetje maar, maar wel genoeg om een binnendringer voor de gek te houden en ervoor te zorgen dat hij voor altijd vast komt te zitten.'

'Maar hoe weet ik dan hoeveel tijd er in werkelijkheid is verstreken?'

Er verschijnt een nieuw model horloge met stopwatch en een alarmfunctie aan mijn pols.

Knipoogde Cheeta nou net naar me? Ja, die stomme deuropener knipoogde naar me. Misschien denkt hij wel dat er niemand beter is dan hij omdat hij een cheetamasker draagt. Ik kijk op mijn nieuwe horloge en zie dat de tijd vertraagt of versnelt als Valk dat wil.

Oké, dit was dus de les voor vandaag. Nu eens laten zien wat ik geleerd heb en wegwezen voordat de tijd om is.

'Let op mijn woorden als je eruit wilt, Lia.'

En dat doe ik.

'Als je de uitgang vindt, onthoud dan: als je de zandlopers omdraait en een minuut wacht, krijg je de sleutel.'

'Wat?'

Maar ik krijg geen antwoord. Plotseling zijn ze allemaal verdwenen. Ik hoor alleen Zwaan nog zeggen dat ze buiten op me wachten. Ik blijf teleurgesteld achter.

Ik baal ervan dat ze me alleen hebben gelaten. Ik kijk op mijn horloge, nog veertig minuten. Opschieten.

Normaal gesproken ging ik naar buiten door de deur waardoor ik was binnengekomen en kwam ik met een vreselijke hoofdpijn terug in de echte wereld.

Maar, volgens de berichtenkubus, die ongetwijfeld ook is verdwenen, is er ergens in dit kasteel ook een uitgang.

Ik hoef hem alleen maar te vinden en het raadsel op te lossen, dan gaat hij open.

Ik heb kippenvel, ik geef het toe. Maar vandaag wil ik hieruit komen zonder hoofdpijn. Dus ik herhaal de woorden van Valk voor het geval ik ze straks nodig heb: 'Als je de zandlopers omdraait en een minuut wacht, krijg je de sleutel'.

Draai de zandloperpagina om, trek een minuut af van de minuten die nog boven in de zandlopers zitten en tel alle getallen bij elkaar op.

IK HEB HET BRIEFJE UIT MIJN RUGZAK ONTCIJFERD!

De bus vervolgt zijn route.

HALLO LIA, KUN JIJ DEUREN OPENEN?
DAN HEBBEN WE JE NODIG.
KOM VANMIDDAG NA SCHOOL
NAAR DE OUDESTRAAT NUMMER HONDERDACHT.

Ik heb besloten om naar de afspraak te gaan. Daarom zit ik in de bus, op een plek alleen en wil ik niet dat er iemand tegen me praat. Ik zie er een beetje tegen op. Ik weet niet of het een grap is of dat iemand mijn geheim heeft ontdekt, maar als dat zo is, wil ik het wel weten.

Ik druk op de knop om de bus te laten stoppen.
Eindelijk! Ik stap één halte voor de Oudestraat uit. Ik heb liever niet dat ze me aan zien komen. Ik doe mijn oortjes in en stap op mijn skateboard. Als mijn oom zou weten dat ik overal op mijn skateboard naartoe ga, zou ik enorm op mijn kop krijgen. Maar hij heeft het niet echt in de gaten. Hij denkt dat ik tot acht uur vanavond buitenschoolse activiteiten heb, hoewel ik dat nooit heb gezegd. Het is een goeierd, maar de vaderrol is niet voor hem weggelegd. Hij lijkt meer op een grote broer. Hij houdt me wel in de gaten, maar meer ook niet. Ik hou heel veel van hem.

Ik rem af. Ik ben er. Ik zet de muziek op mijn mobieltje uit.
Oudestraat 108. Het is een vervallen fabriek. Hij lijkt verlaten. Ik voel me niet lekker: als ik zenuwachtig ben, krijg ik altijd buikpijn. Er is een grote stalen toegangsdeur, die niet op slot zit. En dat is maar goed ook; als ik had moeten wachten tot hij openging, was ik misschien wel hard weggelopen.

Ik duw tegen de deur.
Ik steek mijn hoofd om de hoek. Niks te zien. De rest van mijn lichaam volgt. Ik ben binnen. Het is aardedonker.

Klik. De deur valt achter me dicht.
Verd... Goed bezig! Ik had een steen of zoiets tussen de deur moeten doen. Tja... Ik ben duidelijk niet gewend aan dit soort situaties.

Ik ga nu echt niet opgeven, dus ik loop verder.
Dit is niet wat ik verwachtte. Ik ben in een soort donkere tunnel terechtgekomen. Ik krijg er de kriebels van, echt, maar toch ga ik verder. Ik moet met mijn handen langs de muren lopen als ik er niet tegenop wil botsen, en alles zit onder het stof. Straks heb ik zwarte nagels... en daar heb ik een hekel aan. Ik let altijd heel erg op de nagels van anderen, dat is een beetje een afwijking van me.

Er zijn een heleboel gangen in allerlei richtingen. Het is een soort doolhof.

Ik neem een besluit: ik blijf doorlopen en sla steeds rechtsaf zodra het kan.

Ga bij elke afslag rechtsaf. Let op, de wegen kunnen onder elkaar door lopen.

IK HEB HET BERICHT ONTCIJFERD MET BEHULP VAN HET MEDAILLON!

In de les.
Ik heb vandaag geen zin om op te letten. Ik kijk weer naar het papier waar ik vanmorgen het bericht op geschreven heb:

GA VANDAAG HET HOOFD VAN BETTY BINNEN
VOOR ELF OVER EEN.

Daar staat toch wat ik denk dat er staat? Dat ik het hoofd van Betty moet binnendringen? En ik ken maar één Betty. De tuthola. Dat kan toch niet. Ze is zo dom. Wat heeft Betty in haar hoofd dat mij zou kunnen interesseren? Vijf dagen zonder bericht van de anderen en nu willen ze dat ik Betty's hoofd binnenga? Ik begrijp er niets van.

Het bewijst dat ze bij mij op school zitten. Hoe zouden ze anders weten dat ik straks met haar heb afgesproken? Sterker nog, ik weet zeker dat ten minste een van hen bij mij in de klas zit en het heeft doorverteld.

Het verhaal over de voltooid verleden tijd gaat volledig langs me heen.
Dat ik uitgerekend in het hoofd van Betty moet zien te komen! Maar ik zal het doen. Ik heb het zelfs al georganiseerd. Met als excuus dat we ons werkstuk moeten maken, heb ik een plek gevonden waar niemand ons kan zien. Want het zou zo'n afgang zijn als iemand ons stoort terwijl ik in haar gedachtehuisje ben en ons ziet terwijl we elkaars handen vasthouden en elkaar in de ogen kijken. Misschien denken ze wel dat we een romantisch momentje hebben of dat we zielsverwanten zijn, of wat dan ook... Dat ontbrak er nog maar aan, dat iemand denkt dat ik Betty graag mag. Dat nooit.

Ik kijk de klas rond op zoek naar Betty.

Ik zie haar, ze zit in een schoolbank in de derde rij onder tafel naar haar mobieltje te kijken. Ik kokhals al bij het idee dat ik die vreselijke geur weer moet opsnuiven als ik dichter bij haar kom. Zij is de enige van mijn leeftijd die ik ken, die elke dag parfum opdoet. Gadver!

De les is voorbij. Ik loop naar haar toe. Ik ruik het al.

'Hallo, Lia.'

'Hallo, Betty.'

We gaan naar de bibliotheek op de tweede verdieping, die om deze tijd altijd leeg is. Ik wil die lui van de broederschap van alles vragen. Eigenlijk heb ik de afgelopen vijf dagen nergens anders aan gedacht. De ontdekking dat er meer deuropeners zijn dan ik, roept heel veel vragen bij me op en biedt allerlei nieuwe mogelijkheden. De eerste vraag is: Hoe is het mogelijk dat ik ze nooit eerder ben tegengekomen? De deuropeners, bedoel ik.

Ik houd mijn adem in, dit trek ik niet.

We gaan de bibliotheek binnen. Het ergste is dat ik, als ik weer uit haar hoofd ben, nog moet blijven om samen ons huiswerk te doen. We gaan zitten, ik pak haar handen en, voordat ik nog maar een woord gezegd heb...

Zoefff.

KAUWGUMROZE

Dat kan toch niet waar zijn!
Betty's deur is roze, en dan niet zachtroze, maar knalroze, zoals kauwgum met aardbeiensmaak. Ik dacht het eigenlijk al. Die deur is net zo truttig en nep als zij.

Ik begrijp alleen niet waarom de leden van de broederschap me hiernaartoe hebben gestuurd.

Alles ruikt naar haar, naar dat damesparfum.
Voordat ik verderga, moet ik nog iets vertellen: toen ik bij de deur van Betty aankwam, droeg ik, zoals gewoonlijk, mijn inbrekerspak, maar nu met mijn nieuwe horloge. Ha, ik ben dus niet gek. Alles wat er in de fabriek gebeurde was echt.

Ik probeer mijn adem in te houden.
'Lia?'

Zwaan en Slang staan plotseling naast me. Ik schrik me rot!

Maar je moet degene in wiens hoofd je wilt binnengaan toch aanraken? Ik snap het niet, want ik weet zeker dat ze er niet bij waren in de bibliotheek.

Misschien zijn ze me wel gevolgd, of misschien is er nog een andere manier om gedachtehuisjes binnen te gaan...

'Onthoud dat je maar een uur hebt om in Betty's hoofd te komen en het geheim te vinden dat ze daar verborgen houdt.'

Geen 'Hallo, hoe gaat het met je?', geen 'Sorry dat we vijf dagen niks van ons hebben laten horen'. Uiteraard is het Zwaan die praat.

'Wacht even, wacht even,' zeg ik. 'Zou ik misschien mogen weten wat ik hier doe? En waarom ik het hoofd moet binnengaan van de klasgenoot die ik het minste mag?'

Zwaan kijkt naar Slang met een blik waar bijna medelijden uit spreekt. Tenminste, daar lijkt het wel op.

Ik kijk op mijn horloge. De tijd vliegt en de geur is onverdraaglijk.

'Lia, ik moet je vragen om ons te vertrouwen. Om verder te kunnen leren moet je het gedachtehuisje van Betty binnengaan. We moeten nu opschieten. Als we weer buiten zijn, zal ik je vragen beantwoorden.'

'Beloof je dat?'

'Ik beloof het. Maar één ding nog: wees voorzichtig. Deze proef is zwaarder dan de vorige. Niets is wat het lijkt, Lia. Dat is het geheim. Begrijp je? Als je ergens over twijfelt, denk er dan aan: niets is wat het lijkt. Kijk niet naar wat er is, maar naar wat er niet is.'

Ik kan me niet voorstellen dat het huisje van Betty erg gevaarlijk is, maar wat weet ik ervan? Ik ben nerveus en mijn handen zijn klam, om nog maar te zwijgen van de buikpijn die ik heb.

Ik neem in gedachten nog even mijn lijstjes door voordat ik probeer de deur open te doen.

Slang heeft haar vuisten gebald, alsof ze zich moet inhouden. Ik loop langs haar. Vooruit dan maar.

Kijk niet naar wat zwart is, maar naar wat er tussenin ligt.

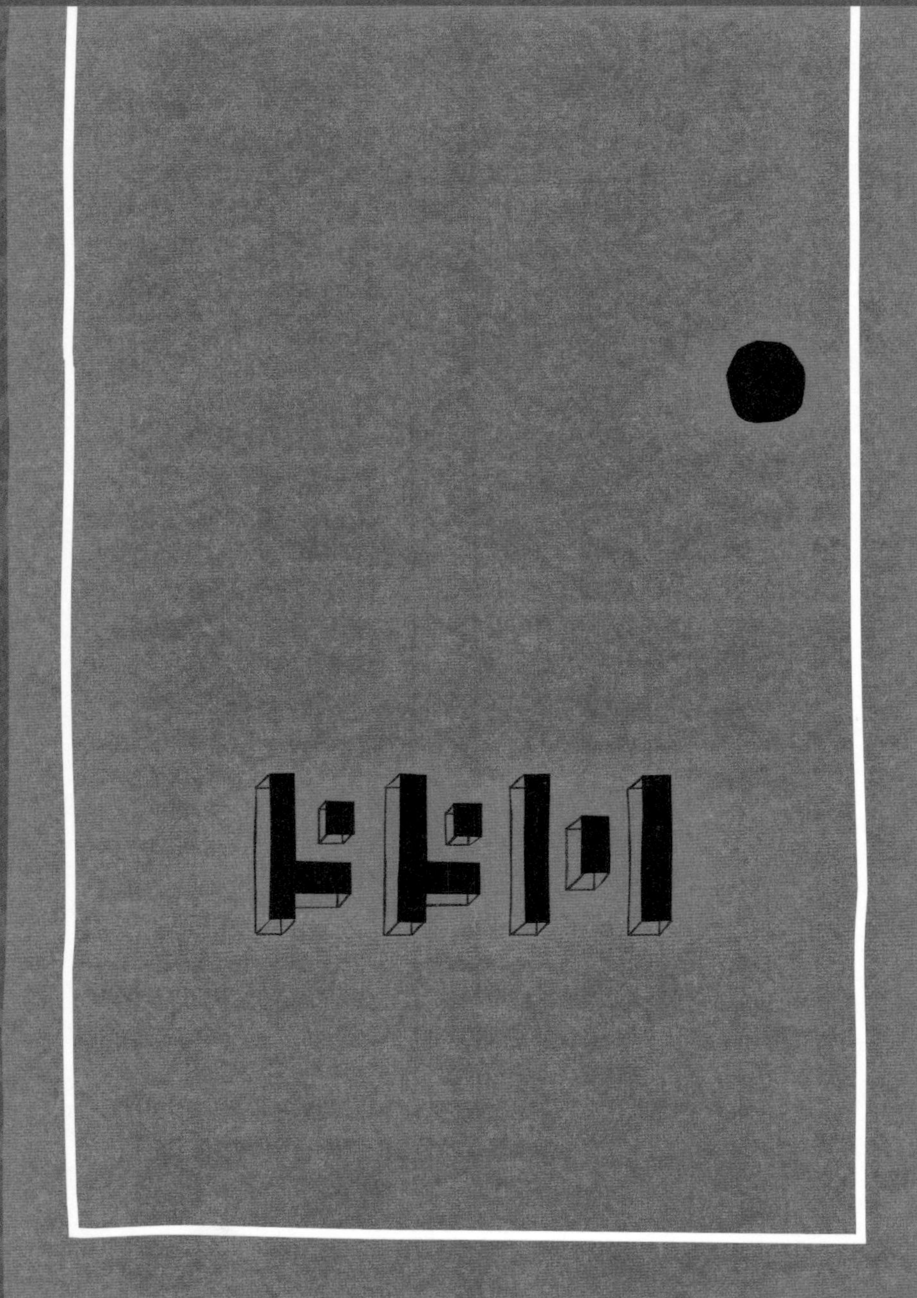

IK BEN IN MIJN EIGEN HOOFD!

Ik ben de onbewuste drempel over.
Het voelde anders. Toen ik met mijn handen mijn bovenlichaam aanraakte, verdween alles, en raakte ik een soort vlies. Maar nu dat kapot is, ben ik in het voorportaal van mijn deur. Wat spannend, ik ga mijn eigen gedachtehuisje leren kennen!

Dit voorportaal heeft een vage rode gloed.
Mijn deur is rood, groot, glanzend en prachtig. Dat vind ik tenminste. Ik zou hem met geen enkele andere deur willen ruilen. En het is dezelfde rode deur die ik bij de anderen heb gezien. En nee, ik ga me niet afvragen waarom mijn deur zich pal naast die van Jacob bevindt, want dan ga ik blozen.

Ik ben niet alleen.
We zijn er allebei. Ik in mijn inbrekerspak en Betty met haar slangenmasker. Ik zou liever hebben dat ze er niet was, maar ik weet dat het niet anders kan.

Er zijn drie deuren die ik moet beschermen als ik wil dat de broederschap geen gevaar loopt:

Eén: de ingang van het huisje.
Twee: de uitgang.
Drie: de deur die de anderen in hun hal met deuren zien.

'Lia, tot nu toe heb je altijd deuren opengemaakt. Maar nu wil ik dat je een slot maakt voor deze deur. Eekhoorn heeft me verteld dat je al dingen kunt maken. Dus doe je best, dan kunnen we kijken of het je lukt om een slot te maken dat niet geopend kan worden.'

Ik doe mijn best, ik doe ontzettend mijn best, ik wil haar versteld doen staan en maak een hangslot met een veiligheidssleutel van titanium. Betty glimlacht en in een mum van tijd heeft ze een loper in haar hand, zo'n sleutel waar je alle deuren mee kunt openen. Ik ben stomverbaasd.

Als iemand me een paar dagen geleden had verteld dat ik nu dit soort dingen zou doen, had ik hem keihard uitgelachen.

Ik ga door met oefenen en maak steeds ingewikkeldere sloten, want waar moet je anders een deur mee afsluiten? Maar Betty maakt ze allemaal net zo snel weer open.

'Heb je niet opgelet? In de gedachtewereld worden de deuren gesloten met raadsels, niet met sleutels. Probeer het maar opnieuw. Hoe moeilijker het is om binnen te komen, hoe veiliger we zijn. Ze zijn al in je hoofd geweest. Je bent al één keer tekortgeschoten. Dat mag je niet nog een keer laten gebeuren.'

Hoor ik daar een zucht in haar stem? Betty die zucht?

'Was Andrew je vriendje?'

Ik weet niet waarom ik het vraag. Door de hatelijke blik die ze me toewerpt, besef ik dat ik dat beter niet had kunnen doen.

'Let goed op. Je moet iets maken dat niet met een sleutel kan worden geopend. Of je sluit deze deur goed af, of je hebt er weinig aan dat je Jacobs nieuwe vriendinnetje bent. Dan sluit ik je persoonlijk voor de rest van je leven op.'

Nu is ze echt te ver gegaan. In al mijn boosheid maak ik een superingewikkeld raadsel. Ik ben er zeker van dat ze dat niet opgelost krijgt.

'Probeer hem nu maar eens open te krijgen, slimmerik.'

Ze kijkt me aan, maar geeft geen krimp.

'Nee, jij bent degene die hem open moet maken. Weet je nog?'

Tel het aantal vierkanten en het aantal driehoeken bij elkaar op.

IK HEB HET LAATSTE BERICHT ONTCIJFERD MET BEHULP VAN DE BROCHE EN DE ANDERE VOORWERPEN!

Waarom ben ik niet verbaasd over de plaats van de bijeenkomst?

GA BINNEN
119 SECONDEN
JE GEDACHTEHUISJE IN.

Handpalmen op elkaar, een cirkel maken, de lucht omhelzen en...

Zoefff.
Voor de fabriek waar mijn gedachten wonen staan Valk, Eekhoorn, Slang, Zwaan en Cheeta in een kring waarin ik de enige ben die nog ontbreekt. Ik neem mijn plek in.

Iedereen staat voor zijn eigen deur: Valk voor zijn witte deur; Eekhoorn voor de groene; Slang voor de roze; Zwaan voor de okergele; Cheeta voor de zwarte en ik voor mijn rode deur.

Het lijkt erop dat Zwaan de ceremonie zal leiden: ze steekt haar armen in de lucht en vraagt:

'Ben je er klaar voor om toe te treden tot de Broederschap van de Sleutel en de geheimen van de wereld te beschermen?'

'Ja, ik ben er klaar voor.'

'Oké, dan kan de proef met de zes deuren beginnen.'

En dan breekt eindelijk het moment van de waarheid aan.

Tussen de kaarsen zie je gezichten. Kijk van een afstand. Vind het konijn.
Tel op of trek af, afhankelijk van de route.

Kangoeroe. Kijk in de richting van het oog. Zoek de cijfers met dezelfde kleuren als de sleutel. Tel op of trek af, afhankelijk van de route.

IK HEB DE DEUR VAN VALK GEOPEND!

De duisternis verdwijnt.

Dit is te gek! Het huis van Valk is een soort wit kasteel met hoekige torens die hoog de lucht in steken en in de wolken verdwijnen. Alles ruikt er naar vochtige aarde, zoals na een frisse lentebui. Ik kijk mijn ogen uit en zou hier uren kunnen ronddwalen. En ik ben verbaasd, dubbel verbaasd om precies te zijn:

Ten eerste: omdat het enorm is. Normaal gesproken zijn de gedachtehuisjes waar ik binnenkom een stuk kleiner.

Ten tweede: omdat we er allemaal zijn behalve Eekhoorn! Ik weet niet hoe, maar toen de duisternis verdween, verschenen Valk, Zwaan, Cheeta en Slang bij de deur.

Ik kijk om me heen of ik Eekhoorn zie.

'Eekhoorn is achtergebleven om onze echte lichamen te bewaken,' zegt Zwaan.

'Bewaken?' Dat wil zeggen dat onze lichamen nog altijd in de fabriek zijn. Ik heb me altijd al afgevraagd wat er met me gebeurde als ik iemands hoofd binnenging. Dan ben ik dus een soort zombie. Dat geeft me een beetje een ongemakkelijk gevoel.

Nu hoef ik niet meer te twijfelen. Als zij nu hier zijn, dan hebben ze de waarheid verteld en zijn ze deuropeners, net als ik. Dan is het dus waar dat er meer deuropeners zijn. Zwaan lacht naar me en zegt:

'Gefeliciteerd, Lia. Het is je gelukt om de deur van Valk te openen, en ik kan je verzekeren dat dat geen gemakkelijke opgave was.'

Het viel inderdaad niet mee om zijn deur te openen, hoewel ik niet van plan ben om dat toe te geven.

Intussen snuift Slang alsof ze wil zeggen: 'Pure mazzel'. Zoals wanneer het sufferdje van de klas naar het bord komt om een probleem op te lossen en je bijna niet kunt geloven dat hij het goede antwoord geeft.

Oef, Zwaan praat maar door. Die kan echt haar mond niet houden.

'Wij deuropeners moeten onze gedachtehuisjes goed beschermen. Je moet heel voorzichtig te werk gaan, Lia.'

'Waarom? Waar moeten we ons tegen beschermen?'

Ze reageert niet. Zwaan is een beetje een wijsneus, maar toch mag ik haar wel.

'Voordat we verdergaan, zal ik je een geheime truc verklappen.'

Ik spits mijn oren. Ik houd van geheimen omdat ze een band scheppen met degene die ze vertelt. En ik houd er niet van omdat je ze niet mag doorvertellen. Vreemd, hè?

'Wil je weten hoe je kunt terugkeren naar de echte wereld zonder hoofdpijn te krijgen?'

Nou en of! Een hoofd kunnen binnengaan en verlaten zonder 'bijwerkingen'? Dat zou mooi zijn. Dan was het toch de moeite waard om hiernaartoe te komen. Mijn intuïtie laat me nooit in de steek.

'Nou, dat zou tijd worden...'

Als ik me niet heel erg vergis, kijkt Cheeta de andere kant op om niet in lachen uit te barsten. Zwaan en Valk glimlachen. De enige die mijn opmerking niet grappig lijkt te vinden is Slang. Ik denk dat het niet lang duurt voor ik deze rare types echt graag zal mogen. Alleen met Slang zal het meer moeite kosten, dat is zeker.

'Het geheim bevindt zich hier binnenin.'

En ze geven me een kubus, een metalige kubus. Hij kan op geen enkele manier open. Zou het een grap zijn? Dat is het niet want ze kijken er heel serieus bij. Ik bekijk de kubus. Er staan allemaal cijfers op.

Verbind de punten met elkaar in de goede volgorde, van 1 tot 56.

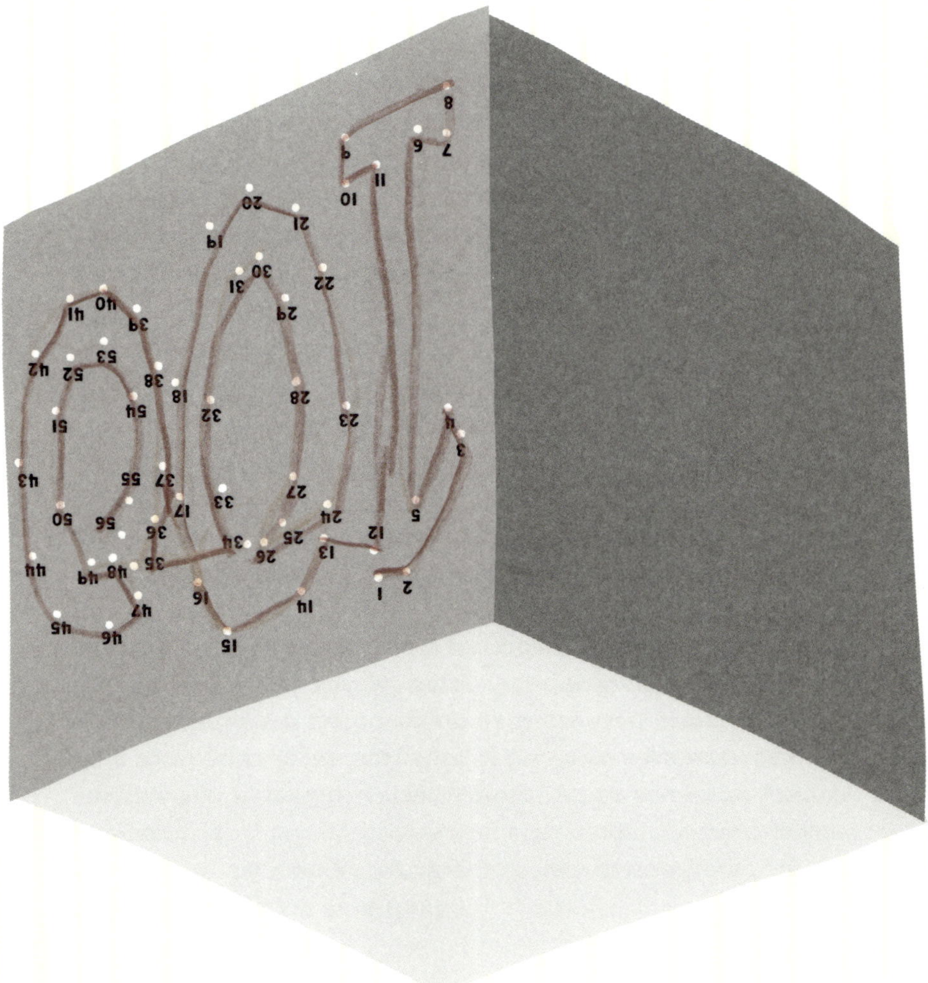

IK WEET WAAR IK BEN!

Eindelijk kan ik me oriënteren.
Het lukt me mijn gedachtehuisje helemaal door te lopen. Ik ben ontroerd. Het is een groot huis, stedelijk, modern, waar je je kunt terugtrekken als je wilt, of waar je grote feesten zou kunnen geven, als je tenminste van feesten houdt. Mijn geheimen worden bewaard in de koektrommel die boven op de keukenkast staat. Hij is bijna leeg. Hoewel ik niet veel geheimen heb, doe ik er een slot op zodat niet iedereen erbij kan. Ik stop er alle afbeeldingen van Jacob in.

Ik vind het vervelend dat er vannacht een onbekende is geweest toen ik nog niet wist dat dit mijn huisje was.
Ik bereid me voor en breng overal valstrikken aan. Ik beveilig de deur die toegang biedt tot de hal met deuren en de uitgang. Er zijn al bijna 53 minuten voorbij. Ik moet opschieten. Ik weet niet of ik langer dan een uur in mijn eigen huisje kan blijven. Ik schrijf het op mijn lijstje met vragen voor Jacob.

Vraag 1: Wat gebeurt er als ik langer dan een uur in mijn gedachtehuisje blijf, word ik dan een herinnering van mezelf? Dat moet net zoiets zijn als in coma liggen, toch? Net als Andrew?
Vraag 2: Als het de quantums waren die laatst in mijn hoofd zijn geweest, hebben ze dan al mijn geheimen ontdekt?
Vraag 3: Wie is Zwaan? Ze is de enige die ik nog niet heb geïdentificeerd en ik heb haar al dagen niet gezien.

Ik zal het hem vragen, hoewel ik wel weet dat hij die derde vraag niet gaat beantwoorden.

Voordat mijn tijd om is, zet ik nog een raadsel op de deur die als uitgang dient, en probeer ik of hij goed werkt.

Het slot is een kubus. Tel alle blokjes.

IK HEB DE DEUR VAN MINDY GEOPEND!

Hoewel het lichter wordt, kun je de lucht niet zien omdat de takken van de bomen ervoor zitten. Maar er is daglicht. Ik bedoel dat het niet zo'n stuk donker vochtig bos is waar je bijna niet doorheen durft. Nee. Het is zo'n bos dat je op ansichtkaarten ziet en dat naar noten ruikt, met enorme bomen en een superaangename temperatuur. Er zijn overal geluiden te horen, de geluiden van de dieren die er wonen. Mindy's broer, Valk, is uiteraard bij ons.

'Waar is Cheeta?' vraag ik aan Mindy.

'Hij is buiten gebleven om ervoor te zorgen dat niets of niemand ons stoort.'

Ik vraag me af wat een meisje van negen te vertellen heeft, hoe hoogbegaafd ze ook is. Ik ben benieuwd wat ik van haar zal leren. Elke keer dat ik een huis binnenging, heb ik iets nieuws geleerd:

In het huis van Valk: leerde ik dat ik niet langer dan één gedachte-uur in iemands hoofd kan blijven, anders verdwijn ik voor altijd. En natuurlijk heb ik er geleerd om een gedachtehuisje te verlaten zonder hoofdpijn te krijgen.

In het huis van Slang: heb ik mijn innerlijke energie gevonden en geleerd die te gebruiken, en dat niets is wat het lijkt en dat dit hele gedoe geen spelletje is.

In het huis van Jacob: ontdekte ik de hal met de deuren en hoe je je van het ene hoofd naar het andere kunt verplaatsen zonder eerst terug te gaan naar de echte wereld. Daar heb ik ook geleerd dat je de ruimte kunt beheersen.

In het huis van Zwaan: heb ik ontdekt dat de Broederschap van de Sleutel de bewaker van de privacy is. En dat de broederschap bestaat uit zes leden die samen een cirkel vormen die de krachten van elk van de leden versterkt. En dat ze nu maar met zijn vijven zijn, dat er iemand ontbreekt. En dat ze willen dat ik de zesde wordt. En dat er ook quantums zijn, die niet willen dat de cirkel zich sluit, en die daarom proberen te voorkomen dat ik de proeven doe... En...

Het huisje van Mindy baadt in het licht.

De deur van Mindy staat tussen een paar ruwe, smalle, hoge muren. Natuurlijk! Eekhoorn woont in een boom. Waarom had ik daar niet aan gedacht? Het is een huisje om van te houden, zij is iemand om van te houden.

Eekhoorn klimt in haar boom en dat doet ze op een heel natuurlijke manier, uiteraard. Er zit een wezel op haar schouder, en de ramen, wat geen ramen zijn maar openingen waar takken uit groeien, zitten vol met vogels in alle kleuren.

In het midden van de ruimte liggen kussens, kleden en geruite dekens. Achterin is een wenteltrap naar beneden. Mindy kijkt even naar de deur. Ze ziet dat Valk de wacht houdt en gebaart dat ik haar moet volgen.

We lopen de trap af.

We gaan een heel eind naar beneden, we moeten op zijn minst bij de wortels van haar boom zijn aangekomen. Eindelijk zijn we op de begane grond: een gewone deur met ongeverfde houten deurposten. Voordat ze hem opendoet, draait Eekhoorn zich om en zegt:

'Lia, ik weet dat Zwaan met je gesproken heeft over de broederschap. Tot nu toe hebben we je voorbereid op de grote dag, de dag waarop je lid wordt van de Broederschap van de Sleutel, als alles goed gaat. Op die dag moet je zes proeven uitvoeren, achter elkaar, zonder pauze en zonder dat wij je mogen helpen. Daarom moeten we je zoveel mogelijk leren voordat die dag aanbreekt. Ik ben een doener en dat ga ik je ook leren: dingen doen. Ik weet zeker dat het leuk wordt. Je zult het zien.

Wat zei dat kind nou? 'De grote dag', 'zonder pauze'?

Voordat ik de kans krijg om tot me door te laten dringen wat ze zegt, doet Mindy de deur open.

We zijn in een enorme ruimte, waarvan we het einde niet kunnen zien. Honderden diertjes trippelen daar rond. Ze dragen schortjes, en hoewel ze niet praten, maken ze een oorverdovend lawaai. Er is getimmer en gezaag te horen... Maar behalve de enorme tafel waaraan gewerkt wordt, is er niets. De ruimte is verder leeg. De wanden zijn ook leeg. De metalen stellingen zijn leeg. De manden zijn leeg. Het is een werkplaats, maar er is niets, geen materiaal, geen gereedschap. Toch is iedereen druk bezig, alsof ze aan een grote lopende band werken. Waar halen ze de spullen vandaan die ze nodig hebben?

Als ik wat beter kijk, zie ik dat de dingen verschijnen op het moment dat ze nodig zijn. Er rent een bever voor ons langs die een hamer pakt van een plank die net nog leeg was.

Mindy kijkt me aan en lacht.

'Hier vind je alles wat je nodig hebt om dingen te maken in de gedachtewereld.'

Het is raar. Ik denk dat ik iets op tafel zie, maar als ik beter kijk, verdwijnt het. Mindy ziet mijn onbegrip en moet lachen.

'Lia, in de gedachtewereld zijn de dingen niet tastbaar. We hebben geen echt materiaal nodig als we het ons maar kunnen voorstellen. Maar hoewel de dingen letterlijk gemaakt zijn van niks, hebben ze dezelfde functie als in de echte wereld.'

Maar, bestaan de dingen dan of niet? Ik begrijp er niks van, en Mindy ziet het, want ze vertelt verder.

'Als we honger hebben, eten we en voelen we onze gevulde maag, hoewel we nergens eten zien. Als we dorst hebben, drinken we en verdwijnt de dorst, hoewel we nergens water zien.'

'Maar als het niet echt is, waarom zou ik dan eten? Kan ik dan niet zonder eten?'

'Er is één ding dat je goed moet begrijpen: alles komt voort uit ons denken, maar ons denken is heel krachtig. Hoewel we in theorie ook zonder eten kunnen, is het beter om wel te eten. Als je niet eet, ga je dood. Sterker nog, er zijn ook wapens die je kunnen verwonden en doden, hoewel je niet weet waar ze vandaan komen en hoewel ze gemaakt zijn van gedachten. Dat mag je nooit vergeten.'

Ik denk aan Jacob en aan de vuurbal die ineens in zijn hand lag. Die bal gaf licht, maar hij brandde zijn hand niet. Ik vertel het aan Mindy.

'Maar als de gevolgen echt zijn, waarom brandde Cheeta zich dan niet aan zijn vuurbal?'

'Als je kunt maken wat je wilt, kun je ook vuur maken dat niet brandt, toch?'

Het is verbazingwekkend: in de gedachtewereld bestaan geen beperkingen, ik kan maken wat ik wil. Dat vind ik wel wat. Maar er is toch één beperking: mijn eigen gedachten.

'Hoe werkt het? Is er een woord voor elk ding dat ik wil maken?'

'Nee, Lia, woorden zijn niet nodig om dingen te maken in de gedachtewereld. Je kunt zelfs dingen maken die geen naam hebben.'

'Maar als woorden niet nodig zijn, waarom gebruikte Cheeta dan een woord om het vuur te maken dat ons licht gaf?'

'Dat deed hij omdat het gemakkelijker is om iets te maken als je een woord uitspreekt, hoewel het ook kan zonder dat je iets zegt. Probeer het maar.'

Ik probeer het.

'Let op, water, lucht, land!'

Het werkt helemaal niet. Dan probeer ik het zonder de woorden uit te spreken. Ik visualiseer een bal van licht die groeit in mijn hand. Ik doe mijn ogen dicht en concentreer me. En als ik ze weer opendoe...

'Yes!'

'Goed gedaan, Lia. Niet iedereen kan dat.'

Mindy lacht en verdwijnt. En samen met haar verdwijnt ook al het andere: de vogels, de 'arbeiders' in de werkplaats... er is alleen nog een deur. Nu weet ik dat dat de uitgang van het gedachtehuisje van Eekhoorn is.

Ze komt weer tevoorschijn.
'Ik was het bijna vergeten. De oplossing ligt in de dobbelstenen.'

En ze verdwijnt weer.
Door het raampje dat de twee werelden met elkaar verbindt, zie ik Jacob op wacht staan. Ik zie Ben met zijn handen op de schouders van zijn zusje en Mindy en mijzelf met onze handen vast en onze ogen dicht. Ik geloof dat ik toch een beetje van hen allemaal begin te houden.

Vind de twee dobbelstenen.

IK HEB DE DEUR VAN JACOB OPENGEMAAKT!

Ik zie zijn huisje!

Allemachtig! Zijn deur is indrukwekkend, maar van zijn huisje ben ik sprakeloos. Het lijkt wel een huis uit het oude Londen, zoals bij Harry Potter. Met ronde torens en grote ramen. Maar het meest verbazingwekkende is dat alles zwart is. Zwarte deurposten, zwarte deuren... Het zou somber kunnen zijn, maar dat is het niet. Het is prachtig!

Het staat midden in een veld vol papavers dat doorloopt tot aan de uitlopers van een groen gebergte. Het is hier avond, maar omdat de maan volop schijnt, lijkt het wel dag. Zijn huis staat in een uitgestrekt, sprookjesachtig dal. En zijn deur is de mooiste en meest verfijnde deur die ik ooit heb gezien.

Ik stel me voor dat ik door die velden loop.

Dat Jacob een deuropener is, is duidelijk. Waar ik over twijfel is of hij bij de broederschap hoort of niet. Als hij van de broederschap is, kan hij alleen Valk zijn of... Op dat moment staat Cheeta ineens naast me. Ik hoop dat hij niet ziet dat mijn gezicht dezelfde kleur heeft als de papavers.

Om te verbergen hoe ik me voel vraag ik of Zwaan nog komt.

Hij aarzelt even, maar zegt ten slotte dat Zwaan vandaag niet komt. En de anderen ook niet. Ik ben ervan overtuigd dat er iets aan de hand is wat hij me niet wil vertellen. Ik weet het door de manier waarop hij het zegt, door de manier waarop hij aarzelt en omdat hij zijn blik afwendt voordat hij begint te praten. Er is iets aan de hand. Misschien moet ik maar gaan. Na wat er in het huis van Betty gebeurd is, weet ik dat het naar kan worden.

Maar ik ga niet. Ik blijf.

'Je opleiding moet worden voortgezet, Lia.'

'Ik moet zeker het huisje binnengaan?'

'Ja.'

'Is dit het huis van Jacob?'

'Ja.'

'Is het jouw huis, Cheeta?'

'Ja.'

Ik weet niet waarom, maar ik heb het hem gevraagd. We blijven elkaar aankijken. De ogen van Jacob, maar toch ook weer niet. Het zijn de ogen van Cheeta, maar toch ook weer niet. Ik weet niet hoe ik het moet uitleggen. Het is net alsof we allebei van het ene moment op het andere een stukje ouder zijn geworden, volwassener, bedoel ik.

'En waarom moet mijn opleiding worden voortgezet?'

'Omdat we je nodig hebben, je hebt geen idee hoe hard we je nodig hebben.'

Ik wil verder vragen, maar hij houdt me tegen.

'Nu niet, Lia. Ik weet dat er veel dingen zijn die je wilt vragen. Binnenkort kom je het allemaal te weten, maar heb alsjeblieft nog een beetje geduld.'

Wat is hij ineens serieus.

En omdat we ons allebei opgelaten voelen door dat serieuze gedoe, verander ik van onderwerp.

'Mag ik naar binnen? Ik denk dat ik de uitgang zo gevonden heb.'

Hij begint te lachen.

'Je denkt toch niet dat het zo gemakkelijk gaat. Als je wilt, kan ik je bij de hand nemen zodat je niet verdwaalt, hoewel dat minder leuk zou zijn, toch?'

Dat dacht je maar! Hij zal er versteld van staan hoe snel ik hem vind!

Maar op dat moment roept hij *'Labyrintus!'*

Het huis verdwijnt in de verte en er verschijnt een groot labyrint.

Ik weet wat de kracht van Jacob is: de ruimte veranderen. Hij lacht en even vergeet ik dat er iets bizars gebeurt.

'Dat is niet eerlijk!'

Het raadsel gaat verder →

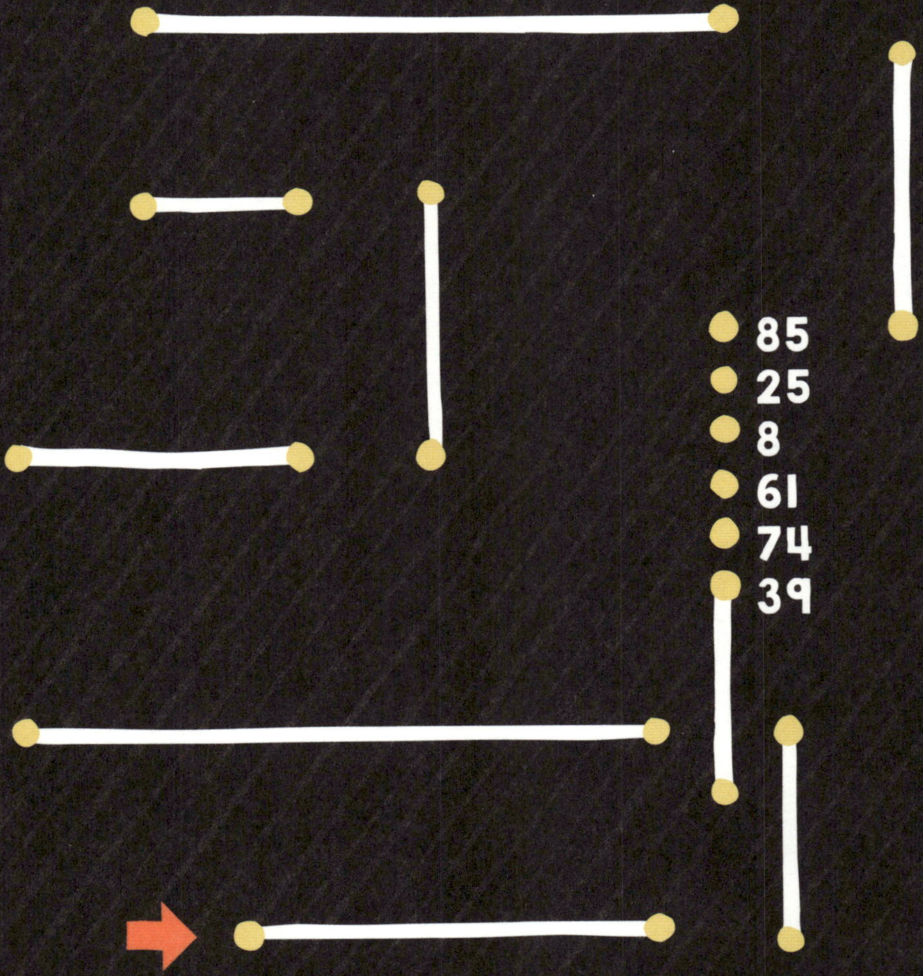

Sla telkens als je bij een punt komt de pagina om, en doe hetzelfde op de volgende pagina (dan sla je weer terug).

OPLOSSINGEN

Pagina 10

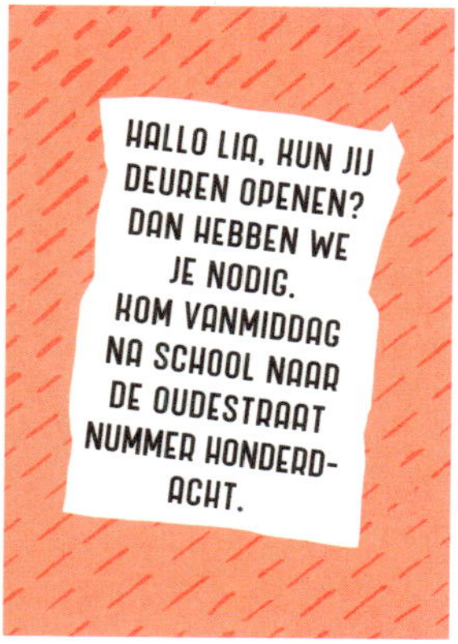

De oplossing is 108.

Pagina 18

De oplossing is 111.

Pagina 22

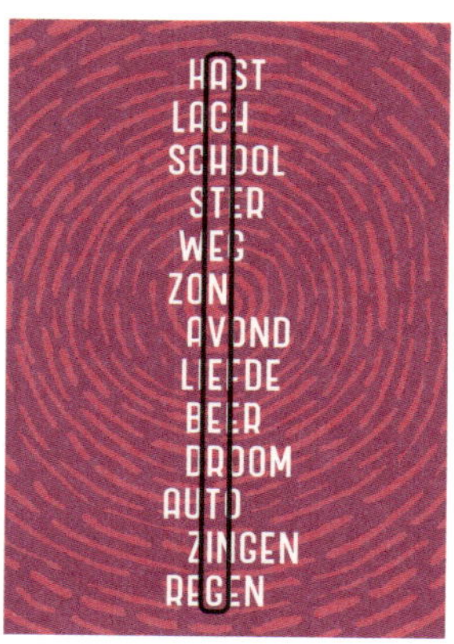

De oplossing is 48.

Pagina 29

De oplossing is 40.

Pagina 35

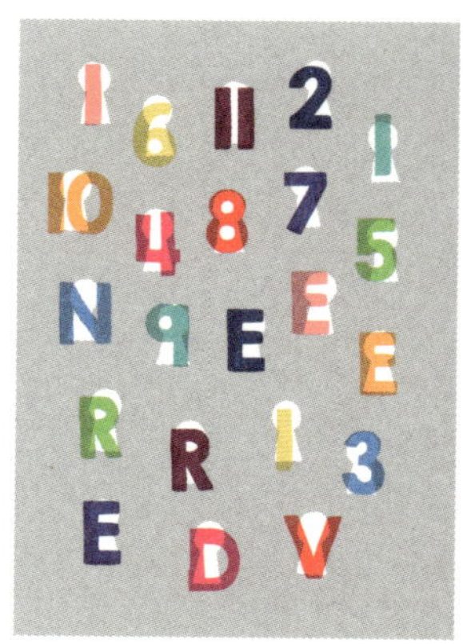

1=E 2=E 3=N: EEN
4=D 5=R 6=I 7=E: DRIE
8=V 9=I 10=E 11=R: VIER

De oplossing is 134.

Pagina 39

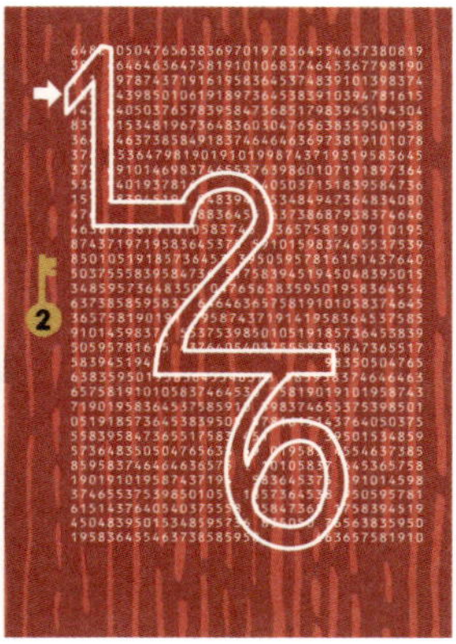

De oplossing is 126.

Pagina 47

De oplossing is 71.

Pagina 53

De oplossing is 30.

Pagina 57

De oplossing is 76.

Pagina 65

De oplossing is 119.

Pagina's 69-70

De oplossing is 19.

Pagina 75

De oplossing is 128.

Pagina 81

De oplossing is 116.

Pagina 84

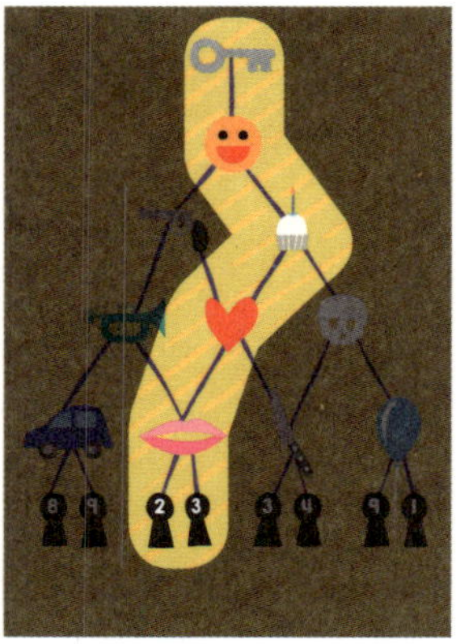

De oplossing is 23.

Pagina 89

De oplossing is 82.

Pagina 99

De oplossing is 122.